《增广贤文》点评

与心灵的对话

任秀峰 编著

黑龙江人民出版社

图书在版编目（CIP）数据

《增广贤文》点评：与心灵的对话/任秀峰编著
.—哈尔滨：黑龙江人民出版社，2015.8（2021.1重印）
ISBN 978-7-207-10428-1

Ⅰ.①增… Ⅱ.①任… Ⅲ.①古汉语—启蒙读物
Ⅳ.①H194.1

中国版本图书馆CIP数据核字（2015）第202101号

责任编辑：王 琳 李 珊
封面设计：张 涛

《增广贤文》点评：与心灵的对话
任秀峰 编著

出版发行	黑龙江人民出版社
通讯地址	哈尔滨市南岗区宣庆小区1号楼
邮 编	150008
网 址	www.longpress.com
电子邮箱	hljrmcbs@yeah.net
印 刷	北京一鑫印务有限责任公司
开 本	787×1092 1/16
印 张	13.25
字 数	80千字
版 次	2015年8月第1版 2021年1月第2次印刷
书 号	ISBN 978-7-207-10428-1
定 价	68.00元

版权所有 侵权必究 举报电话：（0451）82308054
法律顾问：北京市大成律师事务所哈尔滨分所律师赵学利、赵景波

序 言

白 帆

上下五千年，中华文化源远流长。先人创造的智慧成果经过一代代的淘洗，已成为今人受益无穷的宝藏。不说四书五经、诸子百家、唐诗宋词元曲及明清小说这些博大精深的典籍对后人影响之深远，就说古人创作、收集、整理的启蒙教材《三字经》《弟子规》《名贤集》《增广贤文》等，也成为今天少年儿童的课外读物，并将选入未来的中小学教材之中。因为在这些看似朴素寻常的言辞里，却蕴含着做人处事的深刻哲理和准则，启迪心智，晓人礼仪，是人生的行动指南。

然而，由于政治和历史原因，这些传统文化的经典曾一度被列为"封建糟粕"被弃之如敝屣，使几代国人没有得到如此的启蒙和熏陶，导致先天性营养不良。近年来，党中央、国务院高度重视传统文化教育，"国学热"蓬勃兴起。秀峰先生凭着自己对传统文化的热爱和自身体会，在工作之余编写了这部《〈增广贤文〉点评》，并嘱我给作个序。实话说，这对于我来说确实有点难度。

因为，我虽然也读过《增广贤文》《名贤集》《三字经》等此类启蒙书籍，但都是走马观花，只选一些自己喜欢的句子背一背，并没有对通篇进行细致的研究。如果给这部点评作序，着实有点班门弄斧。但秀峰"有兄弟作序足矣"的诚意使我感到却之不恭，只好勉强答应下来。也好，借此机会我再把《增广贤文》仔细认真学习一下，为自己贫乏的国学基础补补课。

秀峰先生曾长期从事文秘工作，不仅对各类机关公文娴熟亨通，年轻时杂文也犀利耐读，是写文章高手。这些年，我知道他虽在省里重要部门任要职，但并未疏离终身喜爱的文字，也曾出版过调研论文集《耕耘与思索》，主编过行业工具书《农业综合开发知识手册——问答1000题》。可是，研究《增广贤文》这类历史典籍性的书目并为之注释点评，却是我未想到的，这也是常人不敢轻易涉足的。阅读全文，不禁为秀峰渊博的知识、聪颖的感悟和卓新的见识所感动。在全篇的注释中，秀峰能够切中要旨，三言五语，就把有些比较难懂的题意点开，翻译成现代语言，足见其古汉语的水平和透彻的理解力。在点评中，秀峰能够旁征博引，用古今中外大量生动鲜活的例子来阐释"贤文"的要义，举一反三，鞭辟入里，不仅让读者茅塞顿开，也能让人了解很多相关知识。尤其是对有些"贤文"，秀峰能够用现代的眼光去审视，用历史唯物主义和辩证唯物主义观点带有批判性地去解读，汲取精华，剔除糟粕，摒弃当时带有封建消极颓废的思想情绪，用现代清新刚健的新思维去解读和看待"贤文"，给人以正能量。如第78条"知事少时烦恼少，识人多处是非多"，这是一条带有明显"明哲保身"的处世哲学，作者在点评中表明了自己的观点："有人群的地方就有'是非'，知道得多有多的'是非'，知道的少也有少的'是非'，关键不在于知道得多与少，而在于如何对待'是非'"。又如第113条"众星朗朗，不如孤月独明"，作者用唯物史观和辩证法的观点否定了这一英雄创造历史观点的片面性，强调了"没有士兵就没有将军，没有人民就没有领袖"的人民创造历史的观点，同时也承认领袖人物在社会变革中的历史推动作用。第143条"人穷志短，马瘦毛长"，作者以中国的发展为实例，在共产党领导下，经过武装斗争和改革开放，改变了贫穷落后的面貌，把一个旧中国发展成为今天的世界第二大经济体，说明人穷志不短，要拼搏，要奋斗，穷则思变才能脱胎换骨。第153条"万事皆已定，浮生空白茫"，这是带有明显唯心主义宿命论色彩的消极观点，秀峰能够从正反两方面予以辩证的理解和点评。第156条"世事明如镜，前程暗似漆"也如此，作者毫不客气地批判了这种自认为怀才不遇的消极颓废的狭隘思想和落寞情绪，强调时代不同了，如今适逢改革开放，正是八仙过海、各显神通、大展才华之际，自己不去追求拼搏，反而认为时代不利、命运不济、前程渺茫、奋斗无望，这是判断错误。要换个角度，树立志向，选准方向，咬定青山不放松，不懈努力拼搏奋斗，一定会取得成功。还有第175条"父子和而家不退，兄弟和而家不分"，这都是带有封建制度局限性的观点，作者指出"家和万事兴。但兄弟虽和如果不分家，也不一定是科学的生活方式，现代家庭讲究的是自由、随便，小家庭更为适宜"。

从秀峰上述这些正确的点评可以看出，他对《增广贤文》这部书进行了认真考究和深入细致的揣摩与探寻，并与时俱进，高屋建瓴，结合当今社会的实际，以哲人的眼光和发展变化的观点，对全文大部分条目进行了注释、分析、解读，尤其是结合自己对社会、人生的认识和感悟，对"贤文"进行中肯的点评，使读者在阅读"贤文"时能把握基调，增强对原文的正确解读和理解，从而汲取正面的、积极的、有益的营养，领会"贤文"所赋予的积极进步意义，摒弃原文所表现的消极负面意义和影响，这是秀峰先生点评此书的价值和贡献所在。

愿这部点评作品能够与原文一样深受广大读者喜欢。

（白帆，本名徐启发，现任齐齐哈尔市作家协会副主席，讷河市文联主席，《星光文学》《北极星诗刊》主编。系中国诗歌学会会员、中国散文学会会员、中国毛泽东诗词研究会理事、黑龙江省作家协会会员。著有《临风而坐》、《相约如梦》等诗文集6部）

目　录

一　昔时贤文，诲汝谆谆。集韵增广，多见多闻。
　　观今宜鉴古，无古不成今。……………………一

二　知己知彼，将心比心。…………………………二

三　酒逢知己饮，诗向会人吟。
　　相识满天下，知心能几人。……………………三

四　相逢好似初相识，到老终无怨恨心。…………四

五　近水知鱼性，近山识鸟音。……………………五

六　易涨易退山溪水，易反易复小人心。…………六

七　运去金成铁，时来铁似金。……………………七

八　读书须用意，一字值千金。……………………八

九　逢人且说三分话，未可全抛一片心。…………九

十　有意栽花花不发，无心插柳柳成荫。…………一〇

十一　画龙画虎难画骨，知人知面不知心。………一一

十二　钱财如粪土，仁义值千金。…………………一二

十三　流水下滩非有意，白云出岫本无心。………一三

十四　当时若不登高望，谁信东流海洋深。………一四

十五　路遥知马力，日久知人心。…………………一五

十六　两人一般心，无钱堪买金。
　　　一人一般心，有钱难买针。………………一六

十七	相见易得好，久住难为人。	一七
十八	马行无力皆因瘦，人不风流只为贫。	一八
十九	饶人不是痴汉，痴汉不会饶人。	一九
二十	莺花犹怕春光老，岂可教人枉度春。	二〇
二十一	红粉佳人休使老，风流浪子莫教贫。	二一
二十二	在家不会迎宾客，出外方知少主人。	
	客来主不顾，自是无良宾。	
	良宾方不顾，应恐是痴人。	二二
二十三	贫居闹市无人问，富在深山有远亲。	二三
二十四	谁人背后无人说，哪个人前不说人。	二四
二十五	有钱道真语，无钱语不真。	
	不信但看筵中酒，杯杯先劝有钱人。	二五
二十六	闹市挣钱，静处安身。	二六
二十七	来如风雨，去似微尘。	二七
二十八	长江后浪推前浪，世上新人换旧人。	二八
二十九	近水楼台先得月，向阳花木早逢春。	二九
三十	古人不见今时月，今月曾经照古人。	三〇
三十一	先到为君，后到为臣。	三一
三十二	莫道君行早，更有早行人。	三二
三十三	莫信直中直，须防仁不仁。	三三
三十四	自恨枝无叶，莫怨太阳偏。	三四
三十五	大家都是命，半点不由人。	三五
三十六	一年之计在于春，一日之计在于晨。	
	一家之计在于和，一生之计在于勤。	三六
三十七	责人之心责己，恕己之心恕人。	三七
三十八	守口如瓶，防意如城。	三八
三十九	宁可人负我，切莫我负人。	三九
四十	再三须慎意，第一莫欺心。	四〇

四十一	虎生犹可近，人熟不堪亲。	四一
四十二	来说是非者，便是是非人。	四二
四十三	远水难救近火，远亲不如近邻。	四三
四十四	有酒有肉多兄弟，急难何曾见一人？	四四
四十五	人情似纸张张薄，世事如棋局局新。	四五
四十六	山中自有千年树，世上难逢百岁人。	四六
四十七	力微休负重，言轻莫劝人。	四七
四十八	无钱莫入众，遭难莫寻亲。	四八
四十九	平生不做皱眉事，世上应无切齿人。	四九
五十	士者国之宝，儒为席上珍。	五〇
五十一	若要断酒法，醒眼看醉人。	五一
五十二	求人须求大丈夫，济人须济急时无。	五二
五十三	渴时一滴如甘露，醉后添杯不如无。	五三
五十四	久住令人贱，频来亲也疏。	五四
五十五	酒中不语真君子，财上分明大丈夫。	五五
五十六	出家如初，成佛有余。	五六
五十七	积金千两，不如明解经书。	五七
五十八	有田不耕仓廪虚，有书不读子孙愚； 仓廪虚兮岁月乏，子孙愚兮礼义疏。	五八
五十九	听君一席话，胜读十年书。	五九
六十	人不通今古，马牛如襟裾。	六〇
六十一	白酒酿成迎宾客，黄金散尽为收书。	六一
六十二	救人一命，胜造七级浮屠。	六二
六十三	城门失火，殃及池鱼。	六三
六十四	庭前生瑞草，好事不如无。	六四
六十五	欲求生富贵，须下死工夫。	六五
六十六	百年成之不足，一旦坏之有余。	六六
六十七	人心似铁，官法如炉。	六七

六十八	水至清则无鱼,人至察则无徒。	六八
六十九	善有善报,恶有恶报。	六九
七十	人而无信,不知其先也。	七〇
七十一	若要凡事要好,须先问三老。	七一
七十二	若争小可,便失大道。	七二
七十三	学者如禾如稻,不学如草如蒿。	七三
七十四	遇饮酒时须防醉,得高歌处且高歌。	七四
七十五	因风吹火,用力不多。	七五
七十六	不因渔父引,怎得见波涛。	七六
七十七	无欲自然心似水,不饮任他酒价高。	七七
七十八	知事少时烦恼少,识人多处是非多。	七八
七十九	进山不怕虎伤人,只怕人情两面刀。	七九
八十	强中更有强中手,恶人须用恶人磨。	八〇
八十一	会使不在家豪富,风流不用衣着佳。	八一
八十二	光阴似箭,日月如梭。	八二
八十三	天时不如地利,地利不如人和。	八三
八十四	黄金未为贵,安乐值钱多。	八四
八十五	万般皆下品,唯有读书高。	八五
八十六	为善最乐,作恶难逃。	八六
八十七	羊有跪乳之恩,鸦有反哺之义。	八七
八十八	隐恶扬善,执其两端。	八八
八十九	妻贤夫祸少,子孝父心宽。	八九
九十	既坠釜甑,反顾无益;已覆之水,收之实难。	九〇
九十一	人生知足时常足,人老偷闲且是闲。	九一
九十二	但有绿杨堪系马,处处有路透长安。	九二
九十三	见者易,学者难。	九三
九十四	莫将容易得,便作等闲看。	九四
九十五	用心计较般般错,退后思量事事宽。	九五

九十六	道路各别，养家一般。	九六
九十七	从俭入奢易，从奢入俭难。	九七
九十八	知音说与知音听，不是知音莫与弹。	九八
九十九	点石化为金，人心犹未足。	九九
一〇〇	他人观花，不涉你目。他人碌碌，不涉你足。	一〇〇
一〇一	谁人不爱子孙贤，谁人不爱千钟粟。	一〇一
一〇二	莫把真心空计较，唯有大德享万年。	一〇二
一〇三	但行好事，莫问前程。	一〇三
一〇四	河狭水紧，人急智生。	一〇四
一〇五	明知山有虎，莫向虎山行。	一〇五
一〇六	路不行不到，事不为不成。	一〇六
一〇七	人不劝不善，钟不打不鸣。	一〇七
一〇八	点塔七层，不如暗处一灯。	一〇八
一〇九	万事劝人休瞒昧，举案三尺有神明。	一〇九
一一〇	但存方寸土，留与子孙耕。	一一〇
一一一	灭却心头火，剔起佛前灯。	一一一
一一二	惺惺多不足，憒憒作公卿。	一一二
一一三	众星朗朗，不如孤月独明。	一一三
一一四	合理可作，小利不争。	一一四
一一五	牡丹花好空入目，枣花虽小结实多。	一一五
一一六	欺老莫欺小，欺人心不明。	一一六
一一七	随分耕锄收地利，他时饱满谢苍天。	一一七
一一八	得忍且忍，得耐且耐。不忍不耐，小事成灾。	一一八
一一九	相论逞英雄，家计渐渐退。	一一九
一二〇	贤妇令夫贵，恶妇令夫败。	一二〇
一二一	一人有庆，兆民感赖。	一二一
一二二	人老心未老，人穷志莫穷。	一二二
一二三	人无千日好，花无百日红。	一二三

一二四	杀人可恶，情理难容。	一二四
一二五	乍富不知新受用，乍贫难改旧家风。	一二五
一二六	屋漏又遭连夜雨，行船偏遇打头风。	一二六
一二七	笋因落箨方成竹，鱼为奔波始化龙。	一二七
一二八	记得少年骑竹马，转眼就是白头翁。	一二八
一二九	礼仪生于富足，盗贼出于贫穷。	一二九
一三〇	天上众星皆拱北，世间无水不朝东。	一三〇
一三一	君子安平，达人知命。	一三一
一三二	良药苦口利于病，忠言逆耳利于行。	一三二
一三三	顺天者昌，逆天者亡。	一三三
一三四	人为财死，鸟为食亡。	一三四
一三五	善必寿老，恶必早亡。	一三五
一三六	爽口食多偏作药，快心事过恐遭殃。	一三六
一三七	富贵定言要依分，贫穷不必枉思量。	一三七
一三八	画水无风空作浪，绣花虽好不生香。	一三八
一三九	贪他一斗米，失却半年粮。	
	争他一脚豚，反失一只羊。	一三九
一四〇	龙归晚洞云犹湿，麝过春山草木香。	一四〇
一四一	人生只会量人短，何不回头把自量？	一四一
一四二	见善如不及，见恶如探汤。	一四二
一四三	人穷志短，马瘦毛长。	一四三
一四四	自家心里急，他人未知忙。	一四四
一四五	贫无达士将金赠，病有高人说药方。	一四五
一四六	触来莫与说，事过心清凉。	一四六
一四七	秋至满山多秀色，春来无处不花香。	一四七
一四八	凡人不可貌相，海水不可斗量。	一四八
一四九	清清之水，为土所防。济济之士，为酒所。	一四九
一五〇	蒿草之下，或有兰香；茅茨之屋，或有候王。	一五〇

一五一	无限朱门生饿殍,几多白屋出公卿。……	一五一
一五二	酒里乾坤大,壶中日月长。……	一五二
一五三	万事前身定,浮生空白忙。……	一五三
一五四	千里送毫毛,礼轻仁义重。……	一五四
一五五	一人传虚,百人传实。……	一五五
一五六	世事明如镜,前程暗似漆。……	一五六
一五七	良田万顷,日食一升;大厦千间,夜眠八尺。……	一五七
一五八	千经万典,孝义为先。……	一五八
一五九	一字入公门,九牛拔不出。……	一五九
一六〇	富从升合起,贫因不算来。……	一六〇
一六一	万事不由人计较,一生都是命安排。……	一六一
一六二	人间私语,天闻若雷。暗室亏心,神目如电。……	一六二
一六三	一毫之恶,劝人莫作。一毫之善,与人方便。……	一六三
一六四	欺人是祸,饶人是福。……	一六四
一六五	天眼恢恢,报应甚速。……	一六五
一六六	圣贤言语,神钦鬼伏。……	一六六
一六七	人各有心,心各有见。……	一六七
一六八	养军千日,用在一时。……	一六八
一六九	国清才子贵,家富小儿骄。……	一六九
一七〇	利刀割肉伤可愈,恶语伤人恨不消。……	一七〇
一七一	公道世间唯白发,贵人头上不曾饶。……	一七一
一七二	有才堪出众,无衣懒出门。……	一七二
一七三	为官须作相,及第必争先。……	一七三
一七四	苗从地发,树向枝分。……	一七四
一七五	父子和而家不退,兄弟和而家不分。……	一七五
一七六	官有正条,民有和约。……	一七六
一七七	闲时不烧香,急时抱佛脚。……	一七七
一七八	幸生太平无事日,恐逢年老不多时。……	一七八

一七九　国乱思良将，家贫思贤妻。……………………一七九

一八〇　池塘积水须防旱，田地勤耕足养家。……………一八〇

一八一　根深不怕风摇动，树正无愁月影斜。……………一八一

一八二　奉劝君子，各宜守己。只此呈示，万无一失。……一八二

附：《增广贤文》原文………………………………………一八三

后　记………………………………………………………一九九

昔时贤文，诲汝谆谆；集韵增文，多见多闻；观今宜鉴古，无古不成今。

【注释】：昔日圣贤的言论，是对我们的谆谆教诲；择取有意义的言论编辑成文，应当多看多听；观察现今社会应以古为鉴，没有古代就没有今天。

【点评】：历史对人类具有极大的警示意义和借鉴作用。历史是一面镜子，以史为鉴，可以知兴替、明荣辱、辩对错、析是非，汲古铸今，抑恶扬善。

知己知彼，
将心比心。

【注释】：知道自己，也应了解他人，拿人心比己心。

【点评】：为人做事，既要知人，也要自知。"知人者智，自知者明；知己知彼，百战不殆"。知人方法有三：即"视其所以，观其所由，察其所安"。视其所以是考察行为的动机；观其所由是考察行为的途径；察其所安是考察其平时的所作所为，听其言而观其行。这三点可客观评价一人，而且也可将此三点反观自身。

在处理与他人的关系上，应"将心比心"，换位思考。做事不能只从自己一方面考虑，还应设身处地为他人着想，考虑别人的感受和处境，做到"己所不欲，勿施于人"。

酒逢知己饮，诗向会人吟。相识满天下，知心能几人。

【注释】：酒要与好朋友一起喝，诗要念给懂诗的人听。认识的人很多很广，但真正知心的能有几人呢？

【点评】："酒逢知己千杯少，话不投机半句多。"同知己饮酒，与文友吟诗，其乐融融。但选错对象，就可能毫无兴趣甚至"对牛弹琴"。做任何事情都应针对不同对象，然而茫茫人海，芸芸众生，朋友易得，知音难求，所以人们常常感叹"人生得一知己足矣"。

四

相逢好似初相识,到老终无怨恨心。

【注释】：人和人的交往就像当初相识那样谦恭，到老也不会心生怨恨。

【点评】："人生若只如初见，何事秋风悲画扇。"正如清代著名词人纳兰性德《木兰词 拟古决绝词柬友》所说，与意中人相处，如果能像刚刚相识的时候美好而又淡然，就不会出现秋风来了画扇就被遗弃的现象，就没有后来的怨恨、埋怨，那么一切还是停留在初见时的美好为宜。人生若只如初见，也许只是人们一个美好的愿望。经过岁月的打磨和变化，又怎能保持初见时不变的情怀。人们往往或因熟悉而淡漠，或因熟知而平常，或因平常而忘却，或因淡漠而陌生，总之在这些变化中，很难找到初见时的种种感觉。

近水知鱼性，
近山识鸟音。

【注释】：近水就会知道鱼的习性，近山才能分辨鸟的声音。意即经常接触的事物，才能透彻地理解和认识。

【点评】：实践出真知。对任何事物的认知都不能浅尝辄止，只有身临其境，近距离接触，并加以分析研究，才能悟其本性，知其规律。沿海的渔民把耳朵贴在船帮上听听底下的声音，就知道有什么鱼在附近海域游动；生活在深山老林的猎人，凭着经验就可判别各种鸟类的叫声；经验丰富的司机听着发动机的声音，就能辨别机器正常与否，为什么他们能够做到一般人做不到的事呢？根本原因就是他们经过长期反复地实践积累了丰富的经验。

我们现在懂得的一切原理，都是经过先人的实践才得来的。人类认识发展的历史，就像接力赛跑一样，每一代人都把前一代人知识的终点作为自己知识的起点，然后把在实践中取得的新知识增添到人类知识宝库中，社会实践一步步由低级向高级发展，人们的知识也就越来越丰富，认识来源于实践，又反过来为实践服务，这就是认识和实践的辩证关系。

六

易涨易退山溪水，易反易覆小人心。

【注释】：随着季节的变化，山溪水会常涨常退；随着利益的得失，小人会反复无常，变化不定。

【点评】：伊索寓言中有一篇《人和羊人》的故事，说从前有个人和羊人（羊人：希腊神话中一种山野小神）交朋友。冬季到了，天气寒冷，那人把手放在嘴上呵气。羊人问他为什么这样做，他说，手冷，呵气取暖。后来，他们同桌吃饭，肉很烫，那人拿到嘴边吹了吹。羊人又问他为什么这样做，他说，食物太烫，把它吹凉。羊人于是说道："你这人，我和你绝交，因为你嘴里一会儿吹热气，一会儿又吹冷风！" 很显然，羊人误解了朋友的行为，认为朋友反复无常，不能再交朋友。

诚信为立身之本、做人之道。做人说话、办事要守信用，不能反复无常，"君子一言，驷马难追"，否则就会失去信任。

七

运去金成铁，
时来铁似金。

【注释】：运气不好时金子变成了铁，运气到来时铁也会变成金。意即把握住机遇，就能改变自己，改变人生。

【点评】："秋至满山皆秀色，春来无处不花香。"时运就是机遇，人生贵在抓住时机，用好运气，所谓择机行事，时运不佳时善于回避，时运好时有效利用，就不愁秋有秀色，春有花香。

读书须用意，
一字值千金。

【注释】：读书需要下功夫理解书的本意，就会感觉字字值千金。

【点评】：读书很苦、很累，也很难，但读书也是乐趣，也是幸福。究竟读书是苦是乐，取决于主动读书还是被动读书、为什么读书的问题。古人云："书中自有黄金屋，书中自有颜如玉"，这虽然是一种功利主义的认识，但也充分说明古人对读书意义的某种领悟。

在市场经济人心比较浮躁的当今社会，电脑、电视、网络传媒等认知工具丰富多彩，但读书仍不可替代、不可或缺，读书的意义和作用并未丝毫减弱。读书须用意，就必须自觉读书，把读书当乐趣。做到为求知而读书，读有所得；为修身而读书，读有所循；为工作而读书，读有所用；为生活而读书，读有所乐。

逢人且说三分话，
未可全抛一片心。

【注释】：意即对人说话要留有余地，不可一吐为快，把心全部交给别人。

【点评】：此话有一定的片面性，因为任何事情都不能一概而论，应当看说话办事的具体对象。对待不靠谱的人，此话当然有道理，但是对知心朋友也心存防备，不能推心置腹，就会知音难觅，知己难求了。往往是动之以情、晓之以理，掏心窝子说出来的话才能打动人心，让人信服，也才能交到知心挚友。

有意栽花花不发，
无心插柳柳成荫。

【注释】：用心去栽花，花却没有发芽，无意地插柳，却发现绿树成荫了。意即想办的事情没达到目的，没想到办成的事居然成了。

【点评】：实际上"花不发"、"柳成荫"都是自身因素和客观条件使然，因此，做事还是应当用心，但用心不一定就能成功，因为用心只是内因发挥了作用，成功还需外部条件，也即内因与外因相结合。但是无所用心，只想成功，那离成功就会更远。

画龙画虎难画骨,
知人知面不知心。

【注释】：画虎只能画外观皮毛，很难把虎的骨头也画出来，能够了解人的表面，很难了解人的真实内心。

【点评】：认识事物应深入，不能仅仅满足于表面现象，应由表及里，由浅入深；画虎画皮也要画出骨的感觉，才能形似神更似；与人交往不仅要知人知面，更要知道他心里在想什么，才能收到应有的效果。

十二

钱财如粪土，
仁义值千金。

【注释】：钱财不重要，仁义和道德价值千金。

【点评】：金钱不是万能的，没有金钱也是万万不能的，但人生不可把金钱看得高于一切，应将道德修养视为立身之本。"君子爱财取之以道"，与金钱相比，法律、道德是第一位的，亲情、友情、爱情是第一位的。在金钱面前，巴尔扎克笔下奢钱如命的"欧也妮·葛朗台"式的人物是最可悲的。

流水下滩非有意,
白云出岫本无心。

【注释】：水从山上流到下滩不是有意的，白云从山穴穿过也是无心的。

【点评】：水往低处流，云穿山岫过乃自然规律。自然和社会规律不以人的意志为转移。人们能够改造自然、改造社会，但不能改造自然规律和社会发展规律，违背规律必受惩罚。例如，大自然是一个复杂的生态系统，过度采伐森林、肆意捕猎动物，生态系统就会遭到破坏，人类生存环境就会受到严重影响。再如，生产关系一定要适应生产力发展水平，人为超越生产力水平去改变生产关系，也会遭受社会发展规律的惩罚。

当初若不登高望,
谁信东流海洋深。

【注释】：若不登高望远，有谁知道东海的浩瀚深广。

【点评】："眼见为实，耳听为虚"，如不亲眼看到或亲身经历，就不能清楚地知道一件事情的真相。凡事还应亲力亲为，才能有切身感受。

十五

路遥知马力，
日久见人心。

【注释】：路途遥远才知道马的力气，相处久了才能了解人心。

【点评】："试玉要烧三日满，辩才需待七年期。"对事物和人的认识需要经过实践和时间的检验，凭一时之印象或一件事的感知就轻易下结论，往往是不准确的。

十六

两人一般心，无钱堪买金，一人一般心，有钱难买针。

【注释】：两个人一条心，无钱也相当于买到了金子；一人一个心眼儿，有钱也很难买到一根针。

【点评】："众人拾柴火焰高"，"团结就是生产力"。用现今的语言就是：团结出效益、团结出成绩、团结出干部，只有团结，才能成功，否则一事无成，甚至两败俱伤、多败俱伤。

十七

相见易得好,
久住难为人。

【注释】：一两次短暂相见关系容易处好，长期在一起相处就难了。

【点评】：此话也不尽然，只要坚守做人的本分，时间久了，更能赢得广泛持久地认可。

马行无力皆因瘦，人不风流只为贫。

【注释】：马跑没力都是因为瘦；人不风流只是因为穷。

【点评】：古人充分认识到客观条件的重要性，因此不能"又要马儿不吃草，又要马儿跑得好"，马应有草、人应致富，马壮才有力，人富才有精、气、神。但也不可"人穷志短"，还应"穷则思变"。

十九

饶人不是痴汉，
痴汉不会饶人。

【注释】：饶恕别人不代表你傻，傻人往往不会饶人。意即宽以待人是通晓事理的人，不通晓事理的愚人就不会宽以待人。

【点评】：与人方便、自己方便是个大智慧。每个人都希望自己和别人的关系能够和谐、美好，然而，要实现这一愿望并非容易。生活中你会发现，有些人与人之间的矛盾，既不是因为他们思想观点上的分歧，也不是道德品质方面的毛病，只是因为性格差异。有的人性情沉稳，做事认真，对遇事咋咋呼呼、做事毛毛糙糙的人可能看不惯；有的人果断泼辣，与遇事优柔寡断的人可能合不来。这种"看不惯"与"合不来"，我们常常看到：有的恋人因性格不合，最终不得不分手；有的人因与同事性格不同，工作上无法合作共事；有的人谈生意，因为没有耐心和慢性子的人协商，可能失去一笔好买卖。许多事实都说明，一个人能否和不同性格的人相处，关系到人生成功，事业成败。

莺花犹怕春光老，
岂可教人枉度春。

【注释】：莺花都怕春光逝流，我们怎么可以让自己白白度过人生的大好时光呢？

【点评】：人生是美好的，又是短暂的。人生只有一次，不可枉度青春，更不可虚度人生。"天行健，君子以自强不息"，"少壮不努力，老大徒伤悲"，人生在世就应坚持不懈，自强不息，孜孜不倦，做出一番事业，实现人生价值。要有一种"只要能吸一口气，不唤云雨也呼风"，"壮志未与年俱老，死去犹能做鬼雄"的英豪气概。到老年时才不因虚度一生而悔恨。

二十一

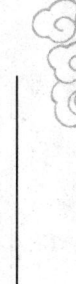

红粉佳人休使老，
风流浪子莫教贫。

【注释】：漂亮的美女不要让她老去，风流浪子不要让他贫困。意即红粉佳人一旦老了就失去美的资本，风流浪子一旦贫困就没有了风流的条件。

【点评】：环境或条件变化了，人就会随之变化，甚至变化得反差巨大，正所谓"流水落花春去也，天上人间"，这是自然规律，不以人的意志为转移。然而美女（红粉佳人）即使老了，如果气质犹存，仍不失为美，但是风流浪子一旦贫困，不仅不再风流，连生存下去也是问题。

二十二

在家不会迎宾客,出外方知少主人。客来主不顾,自是无宾客,宾客方不顾,应恐是痴人。

【注释】：在家不会接待客人，出去后主人也会慢待自己。主人见客人来了不予理睬，恐怕是个愚人。

【点评】：尊重客人，善待客人，是居家之道，礼仪之要。客人面前，你是主人，主人面前，你又是客人，善待客人，就是善待自己。但是对于素养差、不懂礼仪的宾客则另当别论。

二十二

贫居闹市无人问，
富在深山有远亲。

【注释】：人穷了住在闹市也没人拜访，人富了住得再偏远也有人登门认亲。意即世间大都嫌贫爱富。

【点评】："有钱男子汉，无钱汉子难"。"有什么别有病，没什么别没钱"。嫌贫爱富，人本性之弱点，但"三十年河西三十年河东"，人都有时来运转的时候，做人不可以一时看一世。

二十四

谁人背后无人说,哪个人前不说人。

【注释】：什么人背后不被人说,又有谁不在别人面前议论别人呢?意即被人私下议论和私下议论别人都很正常,大可不必耿耿于怀。

【点评】："当面说话无是非","有话摆在桌面上",这是为人正派的表现。一个有修养的人不在背后说人坏话,不随意议论他人是非,因为是非自有公论,是非自在人心。随意议论他人是非,是对他人不负责任的态度,也是自己缺乏修养的表现。

二十五

有钱道真语，无钱语不真。不信但看筵中酒，杯杯先劝有钱人。

【注释】：有钱人说话为真，无钱人说话是假。不信你到筵席上看看，人人都先向有钱、有身份的人敬酒。

【点评】：有钱人的话即使是假的，人们也容易相信，穷人的话即使是真的，也会让人怀疑，这是嫌贫爱富的世俗观念，应当摒弃。因为有钱没钱与真话假话没有必然联系，不可一概而论，还得"具体问题具体分析"才对。

闹市挣钱，静处安身。

【注释】：到闹市做生意以生财，到僻静处休闲以养身。闹市的地方适合赚钱，幽静的地方适合安养身体。

【点评】：人们往往把交往看作一种能力，却忽略了独处也是一种能力，并且在一定意义上是比交往更为重要的一种能力。反过来说，不擅交际固然是一种遗憾，不耐孤独也未尝不是一种缺陷。人在寂寞中有三种状态：一是惶惶不安，茫无头绪，百事无心，一心逃出寂寞；二是渐渐习惯于寂寞，安下心来，建立起生活的条理，用读书、写作或别的事务来驱逐寂寞；三是寂寞本身成为一片诗意的土壤，一种创造的契机，诱发出关于存在、生命、自我的深邃思考和体验。

独处是人生中的美好时刻和美好体验，虽则有些寂寞，寂寞中却又有一种充实。独处是灵魂生长的必要空间，在独处时，我们从他人和事务中抽身出来，回到了自己。这时候，我们独自面对自己和上帝，开始了与自己的心灵以及与宇宙的对话。一切严格意义上的灵魂生活都是在独处时展开的。和别人一起谈古说今，引经据典，那是闲聊和讨论；唯有自己沉浸于古往今来大师们的杰作之时，才会有真正的心灵感悟。和别人一起游山玩水，那只是旅游；唯有自己独自面对苍茫的群山和大海之时，才会真正感受到与大自然的沟通。

二十七

来如风雨,
去似微尘。

【注释】：不论人生如何风风雨雨，轰轰烈烈，死去的时候都像一粒微尘那样悄然。

【点评】："百年光影如流水，一世浮华似行云"。人生在世，无论能力大小，都要做一些对社会、对他人有益的事情，才会体现人生价值。

长江后浪推前浪,世上新人换旧人。

【注释】：长江后浪推动前浪,世上新人追赶前人。

【点评】：新陈代谢乃自然规律,新事物代替旧事物,年轻人超越老年人是正常的,老年人应有父母之心、"伯乐"之德,善于推荐年轻人施展才华,期盼着年轻人比自己干得更好,才是老年人之德之尊。

二十九

近水楼台先得月，
向阳花木早逢春。

【注释】：近水的楼台没有树木遮挡能先看到月亮的投影，向阳那面的花木由于光照好会更早一些绽放花叶。

【点评】：任何事物都离不开环境和条件，善于创造条件才能成功。后来演变成的成语"近水楼台"有了些贬义，它往往用来讽刺那种利用某种方便而获得照顾或便宜的现象。

古人不见今时月，
今月曾经照古人。

【注释】：古人不会见到今天的月亮，但是今天的月亮曾经照耀过古人。

【点评】：明月万古如一，而人类世代更替，今人只能前不见古人，后不见来者，可贵的生命倏忽即逝，这是对宇宙和人生的思索和感慨。古往今来的芸芸众生，都已流水般相次逝去，面对同一个永恒的明月，或许也都有过相似的感叹！人类无法改变这一自然规律，因此就更应当珍惜今生的点滴光阴，在瞬间把握永恒。

三十一

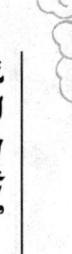

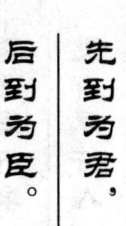

先到为君,
后到为臣。

【注释】：先来后到，按先后定位。

【点评】："先到为君，后到为臣"，从尊重的角度是对的，但从用人的角度，却是一种论资排辈的旧观念。用人应当是"能者上、庸者下"。当然，在能力水平相当的情况下，按照先来后到原则用人，也不乏是领导的一种平衡艺术。《水浒》中的白衣秀士王伦先上梁山居王，但却被后上梁山的林冲等人火并，王伦之所以不能继续为君，是因气度狭小不能容人所致。事实上，往往"后来者居上"，对后来的贤者同样是应当尊重的。

三十二

莫道君行早,
更有早行人。

【注释】：不要说他来得早，有人比他更早。

【点评】：凡事不可过高看重自己或妄下结论，正所谓："山外有山，人外有人"。

三十三

莫信直中直,
须防仁不仁。

【注释】：不要相信什么正直无私，对任何人都要防其害人之心。

【点评】：此语从提高警惕性的角度无可厚非，但运用到一切方面，则有失偏颇，使人活得太累。

三十四

自恨枝无叶，
莫怨太阳偏。

【注释】：恨就恨自己有枝无叶，不要埋怨太阳有偏有向。

【点评】：凡事先要查找自身的原因，先看看自己有没有错误，不要总是强调客观原因，强调别人对自己的影响，因为"客观因主观而起作用"，温度能把鸡蛋变成小鸡，却不能把石头变成小鸡。

大家都是命,半点不由人。

【注释】：每个人的一切都是命中注定，自己没有办法。

【点评】：此语宣传天命思想，是消极错误的，因为它忽略了人的主观能动性。如果人人都信命，都不努力做事，历史何以发展进步。

三十六

一年之计在于春，一日之计在于晨。一家之计在于和，一生之计在于勤。

【注释】：一年的计谋在于春天，一天的计谋在于早晨；一家的计谋在于和睦，一生的计谋在于勤劳。

【点评】：一年一日都要有谋划、计划，有一些计划性和目的性，且不可稀里糊涂，更不可浑浑噩噩，否则将一事无成；至于一家当然最重要的在于和睦，一生最重要的在于勤奋，正所谓"和气生财"、"勤能补拙"。

三十七

责人之心责己,
恕己之心恕人。

【注释】：用责备别人的态度责备自己,用原谅自己的态度对待别人。

【点评】：待人宽、责己严,乃为政之德,为人之要。

三八

守口如瓶，防意如城。

【注释】：嘴严的程度如瓶子，不会轻易流露；防备的意念如城墙，就不会轻易攻破。

【点评】：保密工作应该如此，否则就会泄密误事。

三十九

宁可人负我,
切莫我负人。

【注释】：宁可别人对不起我，不要我对不起别人。

【点评】："宁可人负我，切莫我负人"是刘备的处世哲学，与曹操的"宁可我负人，不叫人负我"截然相反。刘备和曹操虽然做人做事准则不一，但都乃一代枭雄。从做人这点来讲，应学刘备，做政治家、军事家，恐怕还是曹操这一套更有效了。

四十

再三须慎意，第一莫欺心。

【注释】：再三需要重视的是不要自己欺骗自己。

【点评】：人应该秉持本心，本心是人区别于他人的最重要的特征。因此，一些事情面前不要总是给自己找借口，不要总说别人致使我如何如何，还应承认自己心里究竟是怎么想的，又是怎么做的，不要找借口欺骗自己的本心。

四十一

虎生犹可近,
人熟不堪亲。

【注释】：与没见过的老虎还可以亲近,但与很熟悉的人不能够太亲。

【点评】：认为人不如动物,凶猛的动物尚可以亲切,而对于熟人却不敢亲近,未免过于消极。人是感情的动物,你对别人不亲近,别人何以对你亲近呢?

四十二

来说是非者,便是是非人。

【注释】：四处传播是非的人，便是挑拨是非的人。

【点评】：此话甚佳，正直的人是不随意谈论别人是非的。因此，政治家、企业家，一切当权者切记此言，要亲贤者，远小人。莫让小人挑拨是非，贻误大事。

四十三

远水难救近火，
远亲不如近邻。

【注释】：用远水救火是难办到的，再好的亲戚也不如近处的邻居有用。

【点评】：近可解燃眉之急，远只能望尘莫及。远水、远亲很难解决急迫而又现实的问题，有时身边现成的条件还是应该充分利用的，而不要去指望现实难以做到或得到的。

四十四

有酒有肉多兄弟，急难何曾见一人？

【注释】：一个人有身份有地位的时候朋友很多，但到了危难不行的时候却没人与之交往。

【点评】：此语点破了一种世态炎凉的社会现象，但也不尽然。从另一个侧面说明，人不能只交酒肉朋友，应该交友交心，对朋友解人以困、助人以难，才能收获亲情友情，但也不要指望知恩图报、知恩必报。有时恩将仇报的现象也时有发生，对此，大可不必心理失衡，只有以一颗平常心而待之、漠然处之，否则，对心理有害、对健康不利。

四十五

人情似纸张张薄,
世事如棋局局新。

【注释】：人情像纸一样十分脆薄，世界上的事如棋局一样变化万千。

【点评】：人情应厚而待之，才能厚德载物，厚积薄发；世事如棋，变化莫测，更应与时俱进，才能有所作为。

四十六

山中自有千年树，
世上难逢百岁人。

【注释】：世间千年以上的树是有的，但百岁以上的老人却不多见。

【点评】：生命宝贵却很脆弱。在疾病面前人是痛苦的，在突发的自然灾害面前人往往是无奈的。但随着生活水平的提高、医疗条件的改善、抗灾能力的增强，人类能够更好地战胜疾病、抗御灾害，人可以健康长寿，可以更多地见到百岁老人。因此，对于当今社会危害人类健康和生命的假药品、有害食品，应通过立法和执法，严刑酷法、严惩不贷，以保障人类的宝贵生命。

四十七

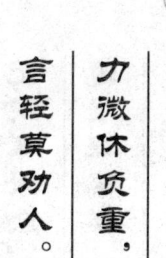

力微休负重,
言轻莫劝人。

【注释】：力气太小的人无法承担太大的重量,小人物说话分量轻,不会被人重视,就不要去劝解别人。

【点评】：承载自己无法承载的重量必然被压倒,身份地位轻微的人如果去劝解比自己身份地位高的人会受到被劝者的轻视或者他人的嘲笑。做任何事情都要对自己的能力有正确的认识,量力而行,别做"蚍蜉撼树,人微劝人"的傻事。

四十八

无钱莫入众,
遭难莫寻亲。

【注释】：没有钱不要到人前去，境遇不好的时候，不要去寻亲探友。意即无钱的时候到众人面前难免抬不起头来，遭到磨难的时候去寻亲会遭到亲人的冷落。

【点评】：此语从做人应有志气的角度可以理解，但从人际关系和谐的角度有失片面性，因为无钱才需解困，有难才需帮助，如果不入众、不寻亲，别人又不知道你的困难，让人怎能为你解困救难呢？要相信世界上还是好人多。

平生不做皱眉事,
世上应无切齿人。

【注释】：平日里不要做对不起人的事，世上就不会有怨恨自己的人。

【点评】：此语道出做人真谛，与"平生不做亏心事，不怕半夜鬼叫门"，表达的是同一个意思。

五十

士者国之宝,儒为席上珍。

【注释】：有知识的人是国家之宝，有学养的君子是国家之珍。

【点评】：人类文明发展进步离不开人的知识和修养，离不开人的自我发展和完善。才华、能力来源于知识；德政、威望来源于修养。

五十一

若要断酒法，
醒眼看醉人。

【注释】：要知道戒酒的办法，用清醒的眼睛看一看醉酒的人是什么情形便知道了。

【点评】：古往今来，酒的故事很多，"酒壮英雄胆"、"煮酒论英雄"、"杯酒释兵权"，历史演绎了无数波澜壮阔的英雄画卷，也洗刷了多少豪杰志士的热血与无奈。至于平民百姓喝酒，既有其乐融融的喜悦，也有惹出是非的烦恼。君不见，酒后口吐狂言者有之，胡言乱语者有之，号啕大哭者有之，当面呕吐、醉卧街头者有之，甚至致病丧命者也时有发生。可见酒的作用"成也萧何，败也萧何"。酒能助兴，也能乱性；酒能解忧，也能添愁，——"借酒消愁愁更愁"嘛。关键是用酒者把握好"度"，把好酒喝好，别把自己喝倒，也别把别人劝倒。

求人须求大丈夫,
济人须济急时无。

【注释】：求人应该求能力强的人，济人要接济那些危急时刻而毫无办法的人。

【点评】：俗话说："好虎一个能拦路，蠢猪一窝拱墙根"，"能帮穷人一口，不济富人一斗"说的大概也是这个道理。求人应当求能人，才能有效解决问题，帮人要帮到排忧解难的节骨眼上，才能感人至深。

五十三

渴时一滴如甘露,
醉后添杯不如无。

【注释】：人渴时一滴水就像甘露一样甜美，酒醉后再添酒就不如没有这杯酒好。

【点评1】：幸福源于心里，感觉在于对比。俗语说："饿了吃糠甜如蜜，饱了吃蜜也不甜"。如今很多人都认为现在过年没有年味了，究其根本原因，就是随着生活水平的极大提高，平时与过年已经基本没有区别了。计划经济岁月物资匮乏，什么都是凭票供应，平常日子很难穿一件新衣服、吃一顿像样饭，一年很难吃顿饺子、吃顿肉。但是一到过年就有了改善，年关一到，家家户户刷新房屋，打扫卫生，杀猪宰羊，挂红灯笼，穿新衣服，作新年饭，忙得不亦乐乎。而如今平常素日吃、穿、住、用、行，是过去过年都所没有的，因此，吃肉不再觉得香，喝酒不再觉得美。过去，买一辆新自行车做梦都会乐醒，现今开一辆新轿车也不得觉多神气，年味自然就感觉不到了。

【点评2】："醉后添杯"现象涉及酒文化、酒文明。国人喝酒大都讲感情、动真情，感情好推杯换盏，你来我往，一醉方休，久而久之，难免伤害身体。当今社会酒场应酬现象越来越多，喝酒成了社交工具，喝酒成了痛苦的事情、难堪的事情。酒文化也需要提升品位，但愿国人酒文化越喝越进步，越喝越文明。

五十四

久住令人贱,频来亲也疏。

【注释】：长久在人家里做客就会遭人嫌弃；频繁去打扰亲属，亲情也会疏远。

【点评】：凡事皆有度，关键在于恰到好处。所以该做则做，当止则止，不能无休无止。

酒中不语真君子，
财上分明大丈夫。

【注释】：喝酒不乱说话是有修养的人，钱财上清楚的是大男人。

【点评】：酒场上不乱说话是绅士的修养，钱财上"先小人，后君子"，清清楚楚，是大丈夫所为。否则，当初你好我也好，过后却容易产生误会或矛盾而悔不当初。民间俗语说"亲戚不犯财，犯财两不来"，就是说在钱财上如果不清楚，一旦发生争执，亲戚都很难交往了。

由此联想到国外的朋友之间甚至夫妻之间实行的AA制，看似冷淡无情，却能避免很多矛盾和纠纷。这虽然不适合我国国情，但并非没有借鉴意义。我们虽然表面亲情热烈，一旦发生钱财争执，有的却会翻脸，甚至恩断义绝。相对于AA制的办法，孰是孰非，恐怕仁者见仁，智者见智了。

五十六

出家如初,
成佛有余。

【注释】：始终像出家时一样真心诚意恪守戒规，成佛就不难了。

【点评】：凡事持之以恒，贵在坚持。人们做事往往开头容易后来难，难就难在不能持之以恒，或因信念不坚而动摇，或因注意力转移而中断，或因遇到困难而退缩，因此，坚持下来者为胜者，动摇、中断、退缩者失败是其必然。

五十七

积金千两,
不如明解经书。

【注释】：积攒黄金千两，不如通晓四书五经。

【点评】：黄金有价知识无价，黄金终有散尽，知识受用终身。

五十八

有田不耕仓廪虚,有书不读子孙愚;仓廪虚兮岁月乏,子孙愚兮礼义疏。

【注释】：有田不耕粮仓就会空虚,有书不读子孙就会愚笨;粮仓空虚了日子就难过,子孙愚笨了就不知晓礼义。

【点评】：耕田积累物质食粮,读书获得精神财富。一个人既要通过自己的辛勤劳动创造物质财富,体现人生价值,更要注重知识学习和品行修养,体现精神追求。早在春秋时代的管仲就认识到"仓廪实而知礼节,衣食足而知荣辱",粮仓充实、衣食饱暖,荣辱观念更强,也只有粮仓充实、衣食饱暖,才有条件读好书,书读多了就会知书达理。

五十九

听君一席话，
胜读十年书。

【注释】：听您一席话，胜过读十年书，夸张地说明受益匪浅。

【点评】：多同知识渊博、文化底蕴丰富的人士和朋友接触，受益多多。这句话的出处是说很久以前，有个穷秀才进京赶考。他只顾赶路，错过了宿头。眼看天色已晚，心里非常着急。正在这时，一个屠夫走过来，邀他到自己家去住，屠夫与秀才一起谈得很投机。屠夫随口问秀才说："先生，万物都有雌雄，那么，大海里的水哪是雌，哪是雄？高山上的树木哪是公，哪是母？"秀才一下被问住了，只好向屠夫请教。屠夫说："海水有波有浪，波为雌，浪为雄，因为雄的总是强些。"秀才听了连连点头，又问："那公树母树呢？"屠夫说："公树就是松树，'松'字不是有个'公'字吗？梅花树是母树，因为'梅'字里有个'母'字。"秀才闻言，恍然大悟。秀才到了京城后，进了考场，把卷子打开一看，巧极了，皇上出的题正是屠夫说给他的雌水雄水、公树母树之说。很多秀才看着题目，两眼发呆，只有这个秀才不假思索，一挥而就。不久，秀才被点为状元。他特地来到屠夫家，奉上厚礼，还亲笔写了块牌匾送给屠夫，上面题的字就是"听君一席话，胜读十年书。"从此，这句话便传开了。

六十

人不通今古，马牛如襟裾。

【注释】：此语出自韩愈《符读书城南》诗："潢潦无根源，朝满夕已除。人不通今古，马牛如襟裾（jīn jū）。"襟、裾：泛指人的衣服。全句说：人如果不通晓古今，就如马、牛穿着人的衣服（即衣冠禽兽）。意思是人如果不读书、没有知识，不懂礼义，就与牛马穿上衣服没什么两样。

【点评】：人区别于动物，在于人可以用脑学习，积累知识，增长智慧。人如果没有文化空长脑壳，没有知识徒长身躯，则有愧于"人"。因此，古人云："积钱不如教子，闲坐不如看书"。"文化大革命"耽搁了一代人的文化学习，但后来很多人发愤图强，通过自学和电大、夜大、函授等各种方式的补习，终于成为有用之士，正在发挥着国家和社会的栋梁作用。改革开放给后生们创造了前所未有的学习条件，如果不珍惜青春年华发奋学习，就浪费了良好的条件，愧对了大好年华和长辈的期望。

白酒酿成迎宾客，
黄金散尽为收书。

【注释】：酿好白酒是因为要招待好朋友，不惜散尽黄金是为了学习而买书。

【点评】：性情豪爽的人，乐于广交良朋益友，饮酒作乐，互相切磋学问，收购书籍不惜花光所有的钱，终生都在追求精神上的财富，这是令人尊敬的君子。君子即使陷入困境中，也不会怨天尤人，更不会损人利己，始终能够坚定自己做人的原则。而那些缺乏内心修养的小人，一旦陷入困境，就会不择手段，胡作非为。安贫乐道还是人穷志短，是君子和小人最显著的区别。面对困境，便可以检验出一个人的道德是否高尚。

救人一命，
胜造七级浮屠。

【注释】：救人一条命，胜过建一座七层的佛塔。

【点评】：浮屠，梵语的略音，即塔、佛塔，俗称宝塔。佛塔的层次一般为单数，如五、七、九、十三级等，而以七级为最多，故有"七级浮屠"之称。塔原来是用来埋葬圣贤的身骨或藏佛经的，造塔的功德很大。然而，为死去的人造塔，毕竟不如"救人一命"的功德更大，更有意义，故俗语云："救人一命，胜造七级浮屠"，意在鼓励人们奋不顾身，去援救面临死亡威胁的人。戒律有"止持"与"作持"两个方面。就"不杀生"而言，为"止持"；就"救人命"而言，为"作持"。这就是佛家常说的"诸恶莫作，众善奉行。"如《西游记》第八十回："救人一命，胜造七级浮屠。快去救他下来，强似取经拜佛。"后亦变作"救人一命，胜吃七年长斋"。"七年长斋"指长年吃斋修行。

六十三

城门失火,
殃及池鱼。

【注释】：城门着火，用护城河水救火，水尽鱼死，指受到牵连。

【点评】：人们经常用"城门失火，殃及池鱼"这个成语来比喻因无端受牵连而遭受祸害或损失。这句话是说古时候有座城市，城门楼起了大火，不远处池里的鱼儿们张望着；"出什么事了？"鱼儿们问。"城门着火了。"一条鱼说："能救救就好了。""不要多管闲事，咱们还是看热闹吧，我们在水里又烧不到，哈哈……""你这样幸灾乐祸不好吧？""那有什么的？"话音未落，一群军兵来取水灭火，结果把水都提干了，剩下少许水又浑又脏。鱼儿们苦不堪言。其中一条鱼说："自私的家伙，你还高兴不高兴了？""好倒霉啊！城门失火，殃及池鱼。"这句话也反映了一个哲学道理，联系是普遍的。

世界上的一切事物都与周围其他事物有着这样或那样的联系。所谓联系，就是事物之间以及事物内部诸要素之间的相互影响、相互制约和相互作用。从宏观天体到微观粒子，从无机界到有机界，从自然界到人类社会和人的思维，任何事物都处在联系之中。每一事物内部的各个部分、要素之间是相互联系的。世界是一个普遍联系的有机整体，是一幅由种种联系交织起来的丰富多彩的画面，其中没有一个事物是孤立存在的。

六十四

庭前生瑞草，
好事不如无。

【注释】：瑞草即吉祥草，是说庭前长出的吉祥草，这种好事不如没有。

【点评】：院子里长出了吉祥草（瑞草），本来是大吉大利的好事，但古人说，这样的好事还不如没有。古人很现实，知道"瑞草"这东西，虽然好看，但容易招来忌妒或觊觎，这是危险的事。庭前不如屋内，外在不如内在。眼下的利益还是考虑考虑再上手，长远打算最合适，这大概就所谓好事不如无了。这句话也可理解为应该韬光养晦，着眼长远利益，不要被眼前或表面的利益所迷惑。

六十五

欲求生富贵,
须下死工夫。

【注释】：要想得到富贵，必须要用气力下功夫。

【点评】：俗话说"要想日子过得好，需起三百六十五个早；要想家里穷，睡到日头红"。劳动保障人类的生存，劳动推进社会的发展，人世间的一切文明成果都是劳动的结果。期盼"天上掉馅饼"，不劳而获，是懒汉思想、可耻行为。体力劳动维持生存，脑力劳动推动发展，劳动产生创造，创造才能发展，因此劳动光荣，尊重劳动、尊重创造，是社会正义所在。

六十六

百年成之不足，一旦坏之有余。

【注释】：经过多年努力也还不够成功，一旦毁坏却十分彻底。

【点评】：做成一件事情需要经过长期刻苦努力，可能离成功还有一定距离，但毁掉一件事情只需顷刻之间，十分容易。其实自然界和人类社会的现象都是"百年成之不足，一旦败之有余"。据分析，东北黑土地形成1厘米需要400年时间，但是由于不注意农业生态环境的保护，珍贵稀有的黑土资源正在丧失，原来70~80厘米的黑土层，现在有的只剩20~30厘米。流失容易恢复难，黑土地的流失令人担忧，黑土地的保护迫在眉睫。

六十七

人心似铁，
官法如炉。

【注释】：即便人心如铁，也会在如炉的官法中熔化。

【点评】：炉能熔铁，万物相克，乃自然规律。法治社会人之所作所为必须限定在法律允许的范围内，触犯法律，必然受到法律惩罚，即使再刚强如铁的人，在法律面前也将束手就擒，乖乖低头。封建社会尚且"王子犯法庶民同罪"，法治社会，遵纪守法，更是做人准则，万万不可冒犯，正所谓"平生不做亏心事，半夜敲门心不惊"。

六十八

水至清则无鱼,
人至察则无徒。

【注释】：水太清澈了就不会有鱼，人太精明了就没有朋友。

【点评】："水至清则无鱼，人至察则无徒"这句俗话，源于《大戴礼记·子张问入官》，后人多用此告诫人们对他人不要太苛刻、看问题不要太严厉，否则，就容易使大家因害怕而不愿意与之打交道，就像水过于清澈养不了鱼儿一样。但是，总有一些人喜欢背离这句俗话的本义，以此劝人不必过于认真，得饶人处且饶人。自己也以"慈悲"为怀，当"察"不察，一味宽容迁就，当"老好人"。

六十九

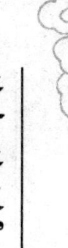

善有善报，

恶有恶报。

【注释】：干好事有好的回报，干坏事有坏的报应。

【点评】：人在做，天在看。种其因，得其果。"善恶到头终有报，只争来早与来迟"。佛教道义有作恶多端、必遭天谴之说。因果报应不仅宗教信徒相信，普通善良百姓均信此说，因为这符合自然和社会发展的规律，体现了唯物主义的辩证思想，绝不是唯心主义的学说。因此，做人做事还是要有底线，不能良知丧尽，做得太绝、太过分。还是坚守诚实厚道、善良为本，这样比求神拜佛更有实在意义。

七十

人而无信，不知其可也。

【注释】：语出《论语·为政》："子曰：人而无信，不知其可也。"是说一个人不讲信用，真不知道怎么能行。指人不讲信用是不行的。

【点评】：古人造字，人言为"信"，表达的就是如若言而无信，那就失去了做人的资格。宋朝的陆九渊说："人而不忠信，何以异于禽兽者乎？"所以古代君子将诚信看作为人的尊严所在。宋代史学家司马光说得更为深刻："夫信者，人君之大宝也。国保于民，民保于信；非信无以使民，非民无以守国。"中国历史上无数事例证明君主诚信则政兴，君主无信则国亡。大家都熟悉周幽王烽火戏诸侯的故事，为博美人一笑，幽王不惜失信于诸侯，结果身死国亡，为后人耻笑。经商也需以诚信为本。事实证明，只有诚信才能发展成为商业巨擘，那些敲诈欺人之徒是不可能营造出大气候的。

七十一

若要凡事好,
须先问三老。

【注释】:"三老"为古代县以下的官名。乡县郡都有设置,掌管教化,由五十岁以上的长者担任,十亭一乡,乡有三老。"若要凡事好,须先问三老",是说凡事要办好,必须向有学问、有道德的人请教。

【点评】:长者阅历和经验丰富,年轻人遇事多向长者请教,有益于成长进步,但是请教来的东西应有取舍,借鉴长者经验之精华,并有所创新和发展。同时,并非长者就一定有智慧、有经验,还有所谓"有智不在年高,无志空活百岁"。

七十二

若争小可，便失大道。

【注释】：如果在一些小事情上与人一争高低，互不相让，便会失去大的长远的利益。

【点评】：自然界里的一切都是相互依存的，一荣俱荣，一损俱损，给别人留有余地，往往就是给自己留下了生机与希望。现实生活中，有人往往因一点小事、一点利益互不相让，或争论不休，或出言不逊，甚至大动干戈，大伤感情。过后一想，你只是暂时占了口头上的便宜或争得了一点蝇头小利，却失去了多年同事合作之情、朋友互助之情，甚至亲人血缘之情，失去了日后的人脉人情，也失去了自己的好心情，孰大孰小是否值得，是否因小失大，悔之晚矣？刘邦一忍而得天下，成就事业就得心里能搁住事，就得"宰相肚里能撑船"。

七十三

学者如禾如稻，
不学如草如蒿。

【注释】：学习的人像禾苗稻秧等庄稼一样可以长出有用的粮食，不学习的人像蒿草一样没什么用处。

【点评】：人类文明是一代接一代人不断学习的结果。古人云："人之幼稚，不学则愚。食以养其生，充之使长，学以养其良，充之至于圣人贤人，其故一之。"古人把学习看作是与吃饭同等重要的事情，因为学习才能长见识、增智慧，才能有所发明、有所创造，才能不断推动人类文明发展进步。

以色列国土大部分是沙漠，资源十分匮乏，但以色列却位居世界文明前列，仅诺贝尔获奖得主就有8个，因为以色列是酷爱学习研究和发明创造的民族，以色列每个母亲都会告诉孩子："书里藏着智慧，这比金钱和钻石贵重得多，而智慧是任何人都抢不走的。"

遇饮酒时须饮酒，
得高歌处且高歌。

【注释】：有喝酒的机会就去喝吧，能欢乐的时候就欢乐吧。

【点评】：此言意指及时行乐。虽然存在随遇而安，得过且过、不思进取等消极因素，但面对某些难以超越的无奈，面对某些无法自抑的特定心境，能宠辱不惊，去留无意；能顺其自然，超越自我，也不失为缓释自身压力的解脱方式。

人生需要一种大气、需要一些洒脱。因为生命看似遥远悠长，其实也是短暂一瞬。"一朝春去红颜老，花落人亡两不知"。所以，莫让暂时的困难、忧伤、挫折遮住我们寻找成功、快乐、幸福的眼睛，应当努力地付出、勇敢地坚持、尽情地享受学习、工作和生活的快乐，而不是自寻烦恼。

七十五

因风吹火，
用力不多。

【注释】：凭借风力吹火，用点力气就行。指凭借他人的力量做事比只管自己用力更有作用。

【点评】："借船出海"、"借力而为"、"借脑引智"，都是指顺着事物发展趋势做事，借助于外力作用，会受到事半功倍的效果。

不因渔父引,
怎得见波涛。

【注释】：没有会水的渔翁帮助引导，怎么能经得起风浪波涛。

【点评】：有了外在条件的指引，才能见到更广阔的天地，才能更有所作为。人的发展进步离不开父母的引导、老师的教育、领导的栽培、长者的指点、书籍的开化，也只有这样，才能让我们看得更远，走得更远更宽。

七十七

无欲自然心似水，
不饮任他酒价高。

【注释】：如果无欲无求，到哪都受欢迎，一切顺其自然；如果你不喝酒，就不用担心酒的价格高低。

【点评】：从正面意义上说，无欲则刚。但从另一方面来说，都像出家人禁欲无为，社会又怎能发展？其实，欲望有正常和非正常之分，正常的欲望能推动人们积极向上、奋发努力、创造进取，非正常的欲望会致人误入歧途，走向邪路。关键在于人自己的定力。

知事少时烦恼少，
识人多处是非多。

【注释】：知道的事情少烦恼也少，知道别人的事情多，是非就多。

【点评】：有人群的地方就有"是非"，知道得多有多的"是非"，知道得少也有少的"是非"，关键不在于知道得多与少，而在于如何对待"是非"。有相信"是非"的人，就有搬弄是非者。与其说"是非"是由人捏造或搬弄出来的，不如说是由人"信"出来的。信"是非"除了心生嫌隙，徒增烦恼，影响人际关系外，还损害身心健康，而不听"是非"耳根清净，心情自然好，是非自然无。

七十九

进山不怕虎伤人,
只怕人情两面刀。

【注释】：上山不怕伤人的虎,两面三刀的人比虎还可怕。

【点评】：对于伤人的虎可以有效提防,对于两面三刀的人,有时确实难以防备。因此,一是交友须慎重,净化社交圈,尤其不与小人交朋友;二是不传伤人话,不做亏心事,让"两面三刀"无处下手。

强中更有强中手,
恶人须用恶人磨。

【注释】：强人中还有更强之人，恶人有更恶之人来对付。

【点评】：此话告诉我们两点：一是做人做事要谦虚，不要以为自己比别人更聪明、更强大，还有比自己更有智慧、更强大之人；二是对付恶人无须多虑，自然有人来收拾他，因为"善恶到头终有报，多行不义必自毙"。

八十一

会使不在家豪富,风流不用衣着佳。

【注释】：懂得计划的人不在于家里富不富有,潇洒漂亮的人不在于衣服漂不漂亮。

【点评】：会持家是一门学问,持家有方,日子会越过越好,不会持家,即使富有也会衰落。同样,风流、潇洒、漂亮在于一个人内在素质、气质,不在于身上的衣服有多么光鲜。虽说"人是衣服马是鞍",但猥琐之人穿什么衣服依然猥琐,女明星扮演乞丐依然魅力诱人。

八十二

光阴似箭，日月如梭。

【注释】：光阴快得像射出的箭，日月走得像织布机上的梭。意指时间过得很快。

【点评】：明代著名书画家文徵明的《惜时歌》最让人感慨时间的流逝。一是《昨日歌》："昨日兮昨日，昨日何其好！昨日过去了，今日徒烦恼。世人但只悔昨日，不觉今日又过了。水去汩汩流，花落日日少。万事立业在今日，莫待明朝悔今朝。"二是《明日歌》："明日复明日，明日何其多！我生待明日，万事成蹉跎。世人若被明日累，春去秋来老将至。朝看水东流，暮看日西坠。百年明日能几何，请君听我明日歌。"三是《今日歌》："今日复今日，今日何其少！今日又不为，此事何时了！人生百年几今日，今日不为真可惜！若言姑待明朝至，明朝又有明朝事。为君聊赋今日诗，努力请从今日始。"

岁月不饶人，珍惜时间就是珍惜生命。

天时不如地利,
地利不如人和。

【注释】：时机好不如地缘好，地缘好不如人和睦。

【点评】：《荀子·王霸篇》说："农夫朴力而寡能，则上不失天时，下不失地利，中得人和而百事不废。"荀子所说的"天时"指农时适宜，"地利"指土壤肥沃，"人和"指人分工合作。孟子所说的"天时"则指作战的时机气候适合；"地利"指山川地势险要，城池坚固；"人和"指人心所向、内部团结、将帅足智多谋。

黄金未为贵,
安乐值钱多。

【注释】：黄金未必贵重,安静快乐的生活才最有意义、最有价值。

【点评】：亲情如斯,浓于血、淡于水。多一些时间与父母团圆、与兄弟姐妹相聚,共享天伦之乐,其乐融融,何其美,又何其多。金钱买不到亲情,人生莫留"子欲孝而亲不待"的悔恨,这是最伤感的事情。

八十五

万般皆下品，唯有读书高。

【注释】：世界上一切都是次要的，只有读书最重要、最高尚。

【点评】：此话原意指所有行业都是低贱的，只有读书入仕才是正途，这当然是轻视体力劳动、轻视劳动人民的封建思想。但是，如果从强调读书的重要意义上说，应不为过。中国自古以来就有崇尚读书的传统，所谓"万般皆下品，唯有读书高"，所谓"养子不读书，不如喂头猪"，读书学习之重要可见一斑。国家、民族乃至个人，非读书尚学蔚然成风，不足以让一个国家和民族获得取之不尽、用之不竭的文化力量；非读书得法惜时尚用，不足以让一个人精进不止、焕发无穷的创造活力。所幸今日中国，政府举弘文之策，百姓有向学之风，人人皆知读书托起中国梦，学习铺就强国路，文化凝聚民族魂。

为善最乐，作恶难逃。

【注释】：做善事使人快乐，做坏事罪责难逃。

【点评】："交善人者道德成，存善心者家里宁，为善事者子孙兴"（明·方孝孺）。一个人如果坚持向善、为善，总会得到别人善意的响应和回报，得到社会的肯定，那么自己的心里也会感到快乐。相反，如果只顾私利而不惜损害别人的利益，必定受到社会舆论的谴责，作恶多端更是难逃法网恢恢。

八十七

羊有跪乳之恩，鸦有反哺之义。

【注释】：幼羊跪着吃奶为报答母乳之恩，小乌鸦会衔食哺母是回报母亲的情义。

【点评】："羔羊跪乳"与"乌鸦反哺"讲的都是感恩的典故。小羊为报答母羊的养育之恩，每次吃奶都跪着；小乌鸦长大了，乌鸦妈妈老了，不能再飞出去找食了。长大的乌鸦没有忘记妈妈的哺育之恩，也学着妈妈的样子，每天飞出去找食物，再回来喂妈妈，直至老乌鸦自然死亡。《本草纲目》中称乌鸦为慈鸟："此鸟出生，母哺六十日，长者反哺六十日，可谓慈孝矣。"后来人们便将反哺比做子女孝敬父母。由此"乌鸦反哺"与"羊羔跪乳"便成了比喻子女对父母感恩尽孝的成语。

山感恩地，方成其高峻，海感恩溪，方显其壮阔。学会感恩，生活将无比美好。

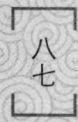

隐恶扬善,执其两端。

【注释】：不讲别人的坏处，多想别人的好处。

【点评】："隐恶而扬善"可作两种理解：第一种理解，听到人言对错的态度，即听到不正确的就隐去、不予采纳；听到正确的就褒扬、吸收。第二种理解，是指对人优缺点的态度，即对别人的缺失隐而不宣；对别人的优点进行褒扬。

隐恶扬善，执两用中，是不偏不倚的中庸之道。真正做到中庸之道，不仅要具备中庸之道的自觉意识，还得有丰富的经验和过人的见识。隐恶扬善，说之容易，做之实难，必须具有博大的胸襟和宽容的气度。对常人而言，能不隐你的善、扬你的恶就算是好了。

妻贤夫祸少，
子孝父心宽。

【注释】：家里有贤惠的妻子，丈夫烦心和祸端的事就少；子女如果孝顺，父亲能够放宽心。

【点评】：古人云："家有贤妻，则士能安贫守正"，又云："百善孝为先"。这说明了妻子的贤惠与子女孝顺对家庭的重要性。

首先，家庭需要贤妻良母，贤妻向来是百姓家庭所遵从和希望的典范。一个"贤"字赋予了作为妻子的女人太多的内涵。贤良、贤达、贤惠、贤淑等等。可见女性在家庭中的影响和作用是不能低估的。现代社会，男女同工同酬，同劳作，同生息。但不可否认的是男人依然是强者，统治世界、主宰世界，传统依旧存在。因此就有了"一个成功男人的背后都有一个伟大的女人"的说法。

其次，"百善孝为先"。孝有三个层次：一是孝养，让老人"老有所养"，满足老人衣食住行等物质需求；二是孝敬，对老人始终以尊敬的言行出现，不给老人难看的脸色，难受的行为；三是孝志，立志成才，满足老人的志愿和愿望。

九十

既坠釜甑，反顾无益；
已覆之水，收之实难。

【注释】：釜甑：釜和甑皆古代炊煮器名。意思是釜甑已经掉地上打碎了，再看也于事无补；水已经洒了，怎么可能再收起来呢？

【点评】：有些人做事，或事先考虑不周，或做事方法欠缺，或明知不对，也心存侥幸，其结果不是碰壁就是行不通，到头来悔之晚矣、悔不当初。这种做事方法有的是思维不清，有的是少见拙识，有的是刚愎自用，有的是优柔寡断，有的是侥幸心理，因此，难免遭遇"既坠釜甑，反顾无益，翻覆之水，收之实难"的窘况。

九十一

人生知足时常足,
人老偷闲且是闲。

【**注释**】：人一辈子什么时候能知足啊，人老了能休闲就休闲吧。

【**点评**】：事能知足心常乐，人到无求品自高。知足是人生一乐，无为得天地自然。过分贪婪往往会导致一无所有。正所谓"欲而不知止，失其所以欲；有而不知足，失其所以有"。知足常乐，心境也就自然平静。凡事有度，一切适可而止。保持一颗纯真、简洁的心是获得幸福人生的最大秘诀。

九十一

但有绿杨堪系马,
处处有路透长安。

【注释】：哪里都有拴马的树，条条路都可以通向长安城。

【点评】："处处有路通长安"与英国谚语"条条大路通罗马"异曲同工，表达的都是达到同一目的可以有不同的方法和途径。同时，也告诉人们只要正确面对，就没有难倒人的事情；只要目标正确、方法对头，又有决心和信心，持之以恒去努力，就一定能够成功。

九十三

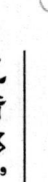

见者易，学者难。

【注释】：看人家做事觉得容易，轮到自己学着做就觉得难了。

【点评】："事非经过不知难"。人们往往看别人做事觉得没什么了不起，一旦轮到自己实际去做，就会觉得很不容易，也很辛苦。尤其年轻人做事不可眼高手低，要尊重他人，首先应从尊重他人的劳动开始。

莫将容易得,便作等闲看。

【注释】：不要把容易得到的东西，看成很平常的事。

【点评】：生活中有许多真正值得珍视的事情，在浑然不觉中被人们轻易丢弃，比如青春年少本是无价之宝，世上人无论贫富贵贱，人人都有青春年少阶段，却被不少人忽视，总觉得东方日头天天有，未来的日子还很长，及至老态龙钟，鬓发苍颜，才顿然慨叹和悔悟。又如健康，亦是千金难买之福，可众多体壮如牛的人，在失去健康之前，却很少领会这一福分的珍贵，倒是把远逊于此的蝇头微利与蜗角虚名，看得比天还大。

生活中这种看似寻常，实则足可珍惜的事例不可胜数。"少有所学"是多少失学儿童的翘首以盼；"住有所居"是多少城市无房市民的日思夜想；"业有所攻和才有所展"是多少未就业大学生的梦寐以求。再如友朋亲善、邻里和睦、长慈幼贤等等，都是难得的人文环境，但人们的通病是得到的不知珍惜，未得到的才觉可贵。实际上，人生中有许多看似容易得到的，来之并不容易，有些简直是百年只一回，一生无二遭。

九十五

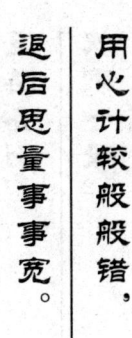

用心计较般般错，
退后思量事事宽。

【注释】：对一些事情斤斤计较，什么事都是不对的；遇到事情总是退一步思量，没有不好办的。

【点评】：做人多一些大气，做事多一些勇气。斤斤计较难成大器，瞻前顾后难做大事。做人做事要从大局着眼，不计较眼前利益。军事家为赢得最终胜利，不会与敌人计较一城一池的得失，企业家为了长远利益，不会与对手争一点蝇头小利。人生在世，不如意事十有八九，"有得就有失，有失也会有得"，事物的辩证法就是如此。

有人遇事只知前进，不知后退，总认为后退意味着胆怯、意味着失败，是软弱无为，岂不知有退才有进。森林中，老虎为百兽之王，谁见谁怕，就是这样一个威风凛凛的虎王，在捕食时却总是先后退几步，然后才一跃而上。老虎都知道在进攻时后退几步，以便产生更大的势能。我们高智商的人类，却偏偏有人只知前进，而不知后退。"进"与"退"都是处世行事的技巧，是恰到好处的中庸。进退皆有章法，该进的时候不进会失去机遇，该退的时候不退会惹来麻烦甚至祸害。

九十六

道路各别，养家一般。

【注释】：走的路各有不同，但维持家计都是一样的道理。

【点评】：其实一般又不一般。所说一般，是说维持家计都需要规划设计，需要勤俭持家，这个道理是一样的。所说不一般，是说穷人和富人似乎不是一般，穷人为了维持家庭吃、穿、住、用、行，孩子上学、老人看病等等，吃苦耐劳、省吃俭用，到头来仍然捉襟见肘，而富人就不然，会滋润很多。但富人创业期间，常年四处奔波，甚至与家人难得一见，与一般人比，虽然富有，但也失去不少天伦之乐，的确是"鱼和熊掌不可兼得"。

九十七

从俭入奢易，
从奢入俭难。

【注释】：从勤俭到奢侈、享受很容易，但要从享受再到艰苦中去就很难适应了。

【点评】："由俭入奢易、由奢入俭难"出自司马光的《训俭示康》。崇尚节俭、力戒奢侈，是中国古代政治文化的重要价值取向。古人强调，事业要勤劳，生活需节俭。《左传》甚至讲"俭，德之共也；侈，恶之大也"。道理很简单：沉湎于物质享受，容易玩物丧志，会丧失更高的精神追求。古代圣贤大都能克勤克俭：大禹治水"三过家门而不入"，吃粗米饭，喝野菜汤；诸葛亮"淡泊以明志，宁静以致远"，实现了"鞠躬尽瘁、死而后已"。他们以勤俭成就大业，实现了人生价值。相反，一些封建统治者丧权亡身，也往往与追求物质享受有关。整日陶醉于香脂粉黛、酒池肉林之中，最终必然丢掉社稷江山。"历览前人国与家，成由勤俭败由奢"，忧劳兴国，逸豫亡身。

九十八

知音说与知音听，不是知音莫与弹。

【注释】：彼此了解的人容易交流，对不了解的人来说，话不投机，空谈无用。

【点评】：此句来源于高山流水遇知音的故事。传说一个皓月当空的夜晚，伯牙与子期于山之滨因琴而相识相知。伯牙的琴声空旷高远，子期心领曰："意在高山"；伯牙的琴声低沉透彻，子期神会曰："意在流水"。山嵯峨，水泱泱。皆取志向高远前途无量之意。这对千古的知音，就这样携手步出远古，与高山流水共出绝唱。后子期亡，伯牙跋山涉水，痛倒于坟前，长弹一曲，长叹一声，摔了琴，谢知音，誓不复弹。只道是：知音不在，琴意谁知？从此，琴断，音绝。

伯牙喜欢弹琴，子期有很高的音乐鉴赏能力。伯牙把感情溶进乐曲中，用琴声表达了他像高山一样巍然屹立于天地之间的情操，以及像大海一样奔腾于宇宙之间的智慧，琴技达到了炉火纯青的地步。而钟子期的情操、智慧正好与他产生了共鸣。不管伯牙如何弹奏，子期都能准确地道出伯牙的心意。伯牙因得知音而大喜，道："相识满天下，知音能几人！"子期死后，伯牙悲痛欲绝，觉得世上再没有人能如此真切地理解他，"乃破琴绝弦"，终身不在弹琴。

当时伯牙是朝廷中人，而钟子期不过是个樵夫。两人生活环境迥然，却仅仅因为一首琴曲而相知相交。人生贵相知。同知己、知心的人可以无话不谈，那是因为相互之间非常了解、非常信任。因为一个人在世上寻得一知己不容易，所以有知心的朋友，就应珍视相互间的友谊。古人说："士为知己者死。"伯牙绝弦，所喻示的正是一种真知己的境界，这也正是它千百年来广为流传的魅力所在。

九十九

点石化为金，人心犹未足。

【注释】：把石头都变成金子，但有的人还不满足，还要得到更多。

【点评】：人应时时知足常乐，守本分，能够自律和自我节欲，不得寸进尺，不要"人心不足蛇吞象"，这应成为我们做人处世的法宝。如果贪得无厌就会走向反面。

相传，从前有一个人特别贫穷，一生虔诚地供奉吕祖，吕祖就是吕洞宾，是道教的先祖。吕洞宾被他的诚意所感动，一天忽然从天上降到他家，看见他家十分贫穷，不禁怜悯他，于是伸出一根手指，指向他庭院中一块厚重的石头。石头立刻变化成了一大块金闪闪的黄金，吕洞宾问他："你想要它吗？"那个人拜了两次回答道："我不想要。"吕洞宾非常高兴，说："你如果能这样，没有私心，我倒是可以传授给你成仙的真道。"

那个人说："不是这样的，我想要的是你的那根手指头。"吕洞宾听后十分生气，认为这个人实在是太贪婪了，于是就消失了，庭院里的黄金也变回了灰突突的石头。那人十分后悔，后来无论那个穷人如何拜神仙，神仙再也没有出现过。

他人观花,不涉你目。
他人碌碌,不涉你足。

【注释】:别人看花,与你的眼睛无关;他人忙忙碌碌,不关乎你的脚步。

【点评】:"目察秋毫之末,耳不闻雷鸣之声,耳调玉石之声,目不见泰山之高。"(汉·刘安《淮南子·椒真训》)成功来源于专心致志乐此不疲。对自己所专注的事业和选准的目标应全力以赴,避免被无关紧要的事情分散精力,不被纷繁复杂的外界所干扰,是事业成功的秘诀。

谁人不爱子孙贤，
谁人不爱千钟粟。

【注释】：哪个不喜欢儿孙孝顺，谁不喜爱家藏万担。

【点评】：谁都希望后代子孝孙贤，谁都喜欢家里富足无忧。但凡事要想按照自己的喜好发展，还需个人付出实际行动，比如：教会子孙"仁、义、礼、智、信"的重要性，让子女懂得只有付出才有所得的道理。

莫把真心空计较，唯有大德享万年。

【注释】：不要事事与人计较，只有大德才能享用长久。

【点评】：对待自己为他人所做的付出，不能期望一定就能得到真心回报，而应怀着"但行好事，莫问前程"的内心去做自己感觉应该做的事情，才能始终具有良好心态。须知由于每个人道德素质和个人修养不同，甚至有人不懂做人的根本，更不明处世的道义，所以善良的你大可不必与那些道德情操低下的人较真和计较，要相信："人善人欺天不欺，人恶人怕天不怕"。

但行好事，
莫问前程。

【注释】：只管做善事，不用担心未来结果。

【点评】："积德虽无人见，行善自有天知，人为善，福虽未至，祸已远离；人为恶，祸虽未至，福已远离"，说明行善事、做好事是一种修行、一种自觉。有一首流行歌曲的歌词是"如果人人都献出一点爱，世界将变成美好的明天"，试想，如果每个人都保持一份恬淡的心情对待生活，都能保持"但行好事，莫问前程"的心态，多做一些有益于社会、有益于他人的善事，都能尽到自己的一份社会责任，不计较、不抱怨、不损人利己，我们的社会将多么和谐，我们的世界将多么美好！

一〇四

河狭水紧，人急智生。

【注释】：河道狭窄水流自然湍急，关键时刻人则会急中生智。

【点评】："河狭水紧，人急计智"是以自然喻人，人有压力就有动力和潜力。我们在自然界可以看到，宽阔的河面水流平缓，而高山峡谷水流湍急。老子说：人法地，地法天，天法道，道法自然。人来自于自然，自然传承了许多秉性。一般人在养尊处优的环境，常常会消磨意志，容易渐渐失去前进动力。三国时期周瑜曾设计将刘备留在江东锦衣玉食、歌舞升平相待，旨在收回荆州、消磨刘备复兴汉室之志。好在有诸葛亮的锦囊妙计和赵子龙随身提醒，才使周郎的诡计泡汤，落得赔了夫人又折兵的下场。

孟子云："生于忧患，死于安乐。"一个人在危困之时，容易奋发图强、开拓创新。难得的是在安逸舒适的时候能够居安思危，未雨绸缪。就像《谁动了我的奶酪》一书中所揭示的道理一样，奶酪再多也会有吃完之时，只有不断开拓探索新的奶酪才能生存。这就是这名句贤文告诉我们的大智慧。

明知山有虎，莫向虎山行。

【注释】：知道山上有虎，就不要再去了。

【点评】："明知山有虎，偏向虎山行"是一种知难而进的精神，这种知难而进是一种有准备的、积极的、科学的精神，应当提倡。但如果既对虎的凶猛缺乏了解，又没有制服虎的办法，却偏向虎山行，就是一种鲁莽行为。静观古今，鲁莽行虎山的，大致有三类人：

一是多勇少谋。胸有仇恨，又咽不下一口气，逞匹夫之勇。有则寓言说乌鸦衔回一片肉，停在树枝上休息，狐狸觊觎，夸乌鸦歌声动听。因为上过当，乌鸦闭嘴不松。狐狸转口骂它又丑又笨，乌鸦忍不住回骂，而肉落入了狐狸口中。知"狐"比"虎"还难斗，生气是最蠢的行为，直接飞走，生气的应当是狐狸！二是急功近利。王安石变法为民，措施过急，如青苗法规定百姓良田歉收，可向地方政府借贷粮谷。可实施中官员随意提高利息，百姓苦不堪言。司马光提醒新法必激化地方腐败，但王安石决心一搏，但虎山歧途，民生更苦，变法也以失败告终。三是利欲熏心。此类人多善谋却私心重。入山惊虎，难免与虎相斗，何以还敢虎山行？因为虎山乃有利之地，才以身涉险。明末，扬州一富商在赌场大赢，本该见好就收，却想再捞一笔。谁知泥潭深陷，倒欠巨款遭到扣押，妻子卖房才将其赎回。以上三类人的共同特点是明明意料到了坏结果，却仍觉得会趋向好结果。关键时头脑发热，理智锐减，明知处世之大忌，却难以自制。

虎山止步，并不意味着退却，无所作为；以智勇取胜方为上策。因此，逞勇猛者要有智，劝君莫行打虎勇，劝君谋思长远计；求捷径者应平心，劝君莫信险中胜、劝君晓义磨刀功；贪功利者要淡泊，劝君莫图虎山利，劝君惜取平常福。

路不行不到,
事不为不成。

【注释】：路不走就达不到目的地，事不做就不可能成功。

【点评】："不积跬步，无以至千里，不积小流，无以成江海"。知识是一点一滴积累下来的，没有人能够一步登天，周华健在《真心英雄》中唱到"不经历风雨，怎么见彩虹，没有人能够随随便便成功"！人生只有在磨炼中才能走向成功、成熟。

人不劝不善，
钟不打不鸣。

【注释】：人不劝导不会向善，就像钟不敲不响一样。

【点评】：向善行善在于教养和修养，教养是外因，自身修养是内因。《小学·嘉言》中邵雍云："上品之人，不教而善；中品之人，教而后善；下品之人，教亦不善。不教而善，非圣而何？教而后善，非贤而何？教而不善，非愚而何？是知善也者，吉之谓也；不善也者，凶之谓也。吉也者，目不观非礼之色，耳而不听非礼之声，口不道非礼之言，足不践非礼之地，人非善不交，物非义不取，亲贤如就芝兰，避恶如畏蛇蝎。"

一〇八

点塔七层，不如暗处一灯。

【注释】：把七层高塔都点上灯，也不如在暗处点亮一盏灯的道理。

【点评】：急人所急，帮人所需犹如雪中送炭、雪中送伞。一个人平时工作、生活都顺顺利利、美美满满，体会不到别人帮助的重要。相反当一个人遇到困难遭遇危机时，最需要别人的热情帮助和支持，这时哪怕是一句问候、一声安慰都非常珍贵。因此，救人要救危难之际，帮人要帮急需之时，做任何事情都要抓住关键、把握火候。

一〇九

万事劝人休瞒昧,
举案三尺有神明。

【注释】：做任何事情都休想隐瞒,头上三尺就有神灵看得一清二楚。

【点评】：古人信仰神灵,如果遇到某方面不如意,就会到相应的祭庙中叩拜。此句中的举是抬头向上,案是摆放香火的供桌。原意是指神明在供桌上面三尺的地方看着祭拜的人,如果你虔诚供奉的话,神明会显灵帮助你。后来出现了引申义,表示无论你在什么地方做任何事,你头上三尺地方都有神明看得清清楚楚,所以不要以为没有人在旁边就做坏事。后来又有了"举头三尺有神明","抬头三尺有神灵","举头三尺有青天,人可欺,天不可欺"等同类说法。

刘少奇在《论共产党员的修养》中提到"慎独"修养,讲到一则故事：杨震任东汉荆州刺史时发现王密才华出众,便向朝廷举荐王密为昌邑县令。后来他调任东莱太守,途经王密任县令的昌邑(今山东金乡县境)时,王密亲赴郊外迎接恩师。晚上,王密前去拜会杨震,俩人聊得非常高兴,不知不觉已是深夜。王密准备起身告辞时从怀中捧出黄金放在桌上,说道："恩师难得光临,我准备了一点小礼,以报栽培之恩。"杨震说："我举荐你是因为我了解你,希望你做一个廉洁奉公的好官。可你这样做,岂不是不了解我,违背我的初衷和对你的厚望吗?"王密坚持说："暮夜无知者。"杨震立刻变得非常严肃："天知,地知,你知,我知,何谓无知? 没有别人知道,你我的良心就不在了吗?"王密顿时羞愧而出。杨震的子孙为缅怀其清正德操,取堂名为"四知堂"。

但存方寸土,
留与子孙耕。

【注释】：只求为子孙后代留下一些可耕之地，也指留下一颗善良的心，传给后代教育子孙。

【点评】：有限的资源要无限的循环、持续地利用，不能只顾眼前利益，以破坏生存环境为代价，进行掠夺式开发。"金山银山不如绿水青山，金杯银杯不如老百姓口碑"，全社会都应增强环保意识，为打造天蓝水净、空气清新的现代人居环境做出贡献，切不可"吃祖宗饭，造子孙孽"。

（一二）

灭却心头火，
剔起佛前灯。

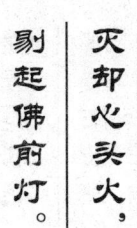

【注释】：熄灭心头的怒火，多多行善做好事。佛教中将因世俗产生的一些不好的欲望称之为"业火"，灭却心头火既是消除心中不好的欲望。

【点评】：人生贵在修心，不生气，不怨人，是修炼心性的绝妙方法。佛不生气；智不怨人。"参禅何须山水地，灭却心头火自凉"。传说唐朝诗人白居易去拜访恒寂禅师，天气酷热，却见恒寂禅师在房间内很安静地坐在那里。白居易就问："禅师！这里好热哦！怎不换个清凉的地方？"恒寂禅师说："我觉得这里很凉快啊！"白居易深受感动，于是作诗一首：人人避暑走如狂，独有禅师不出房；非是禅房无热到，为人心静身即凉。——《苦热题恒寂师禅室》。

惺惺多不足，
懵懵作公卿。

【注释】：清醒聪明的人，生活事业常常不尽如人意；看似糊涂的人，反而仕途和顺，位及公卿。

【点评】：句中所谓"懵懵"是真懵懵、真糊涂吗？非也。试想有哪个上位者能不明不白地爬上像古代公卿这般高位的。当年郑板桥在莱州云峰山遇见一位自称是"糊涂老人"的高洁雅士，为其写下"聪明难，糊涂尤难，由聪明而转入糊涂更难。放一着，退一步，当下安心，非图后来报也"的题字。"难得糊涂"表明的是一种难能可贵的生活态度。一个人明白不难，揣着明白装糊涂就不那么容易了。胡适有句话可以更好地诠释这个意思：做学问要不疑处有疑，待人要有疑处无疑。

"难得糊涂"是一种境界。心中有大目标的人，自然对枝节杂碎不屑一顾。"难得糊涂"是一种资格；名利淡泊、宁静致远的人，自然以平常之心、平静之心对待人生，泰然安详；"难得糊涂"是一种智慧。在纷繁变幻的世道中，能看透事物，看破人性,自然处事能分轻重缓急、举重若轻；"难得糊涂"也是一种气度。它能使人超凡脱俗、胸襟坦荡、洒脱不羁、包容万象。

众星朗朗，
不如孤月独明。

【注释】：再多朗朗闪烁的星星，也不如一轮孤月能够照亮大地。

【点评】："众星朗朗，不如孤月独明；百鸟唧唧，不如呼啸一声；照塔层层，不如暗处一灯"，反映的都是英雄决定历史的观点，但是唯物史观认为历史终归是人民创造和书写的。众星捧月才见月之辉煌，百川归海方有海之壮阔，没有士兵就没有将军，没有人民就没有领袖，将军不能脱离士兵，领袖不能脱离人民，否则终将难成大事。但唯物史观绝不否认领袖和杰出人物的历史性作用，这种作用是推动历史前进的作用，是特定历史时期的决定性作用。邓小平所讲，如果没有毛主席，中国人民不知要在黑暗中摸索多久。同样，我们也要说，如果没有邓小平推动改革开放，中国人民不知要在贫穷中忍耐何时。

合理可作,小利不争。

【注释】：合情合理的就去做，只有小利而害大局的事就不要去争。

【点评】："两友相利取其重，两权相害取其轻。"只要利大于弊的事就可去做，但不要只顾争小利而害大局。

一二五

牡丹花好空入目，
枣花虽小结实多。

【注释】：牡丹花好却华而不实，不过是供人观赏罢了，枣花虽小却能结出实实在在的果实。

【点评】：内容决定形式，内容不同功效不同。牡丹的价值在于供人欣赏，因此外表很重要，枣的价值在于食用，因此花开的怎样不重要，果实结得怎样才最重要。人不能只注重外表，不修炼内功。相貌平平的马云能将阿里巴巴做到日收入千万元并在美国上市，说明内功才是关键。

一一六

欺老莫欺小，欺人心不明。

【注释】：不要欺负少年人，因为他们将来可能权居于你之上，报你当年欺他之仇，欺负人的人实际是不明事理的人。

【点评】："欺老莫欺小，欺人心不明"是劝人不要欺人，并不是说老的可欺，少的不可欺。因为它也告诫人们"欺人心不明"，欺人属于不明事理，是恶行。从因果轮回的角度，欺人会遭报应，还是以慈悲为怀、坚守"己所不欲，勿施于人"的准则为好。

一二七

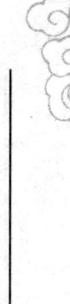

随分耕锄收地利，
他时饱满谢苍天。

【注释】：按季节春耕夏锄，收获大地给予的回报，粮食丰收时要深深地感谢苍天赋予的阳光和雨露。

【点评】："淡看世事去如烟，铭记恩情存如血。"对天地的给予尚且如此，对亲人朋友的帮助更应"滴水之恩，涌泉相报"。

得忍且忍,得耐且耐。
不忍不耐,小事成灾。

【注释】：遇事能忍耐就要忍耐，如果不冷静不忍耐，就会因小事而酿大祸。

【点评】：从字面解释，心字头上一把刀为"忍"，"忍"的痛苦心如刀割。"忍"不是一般人都能做到的。"小不忍则乱大谋"，一个人能够成功，很大程度上在于"忍"，忍得住寂寞、忍得住困苦、忍得住清贫、忍得住欺辱、忍得住失败、忍得住打击，方能成就大业。有道是："有志者，事竟成，破釜沉舟，百二秦关终归楚；苦心人、天不负，卧薪尝胆，三千越甲可吞吴。"

一一九

相论逞英雄,
家计渐渐退。

【注释】：家庭成员之间争强好胜，虚荣自私，家庭的昌盛就会渐渐衰退下去。

【点评】：俗话说"天时不如地利，地利不如人和。"和之方有"安"。家之安，户纳千祥；国之安，国运昌盛；宇之安，万物和谐。"安者和之本也"，故曰：万事和为贵、和气生财。

贤妇令夫贵,恶妇令夫败。

【注释】：贤惠的妻子会让丈夫有自信、有尊严，恶妇会导致丈夫事业失败、自毁前程。

【点评】：成功的男人背后都有一个优秀的女人在鼓励和支撑。反之，失败的男人往往与一个坏女人背后的怂恿和助纣为虐有关。但是当今社会男人依然占据主导地位，男人犯下的错或罪应由男人承担，绝不能归责于女人。

一人有庆，
兆民感赖。

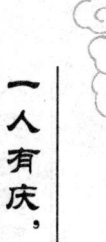

【注释】：一人成功了，大家都感到有了依赖。

【点评】：人类的发展与进步离不开领袖的导航和杰出人才的贡献。法国十八世纪著名外交大师塔列朗曾说"我更害怕由一只狮子领导的一百只羊，而不是由一只羊领导的一百只狮子"。古人盼"清官"治理天下，臣民就有好日子过，今人依然期待"好官"造福一方。

一二三

人老心未老，
人穷志莫穷。

【注释】：一个人老了但壮心不老，一个人虽穷但志气不穷。

【点评】："志"是人的理想、信念和向往；"气"是人的勇敢、坚强和自信。二者合一，则为"志气"。志气是迈向成功的第一步，是打开成功之门的金钥匙，是成就美好人生的航向标，志气价值连城，给人前进的力量和信心！

古人历来劝诫人们"人穷不能志穷"。但却往往"人穷志短、马瘦毛长"，因为贫困容易唤醒人内心中潜藏着的魔鬼。物质贫困给精神世界的礼物，往往就是缺乏诚信，还有顾前不顾后、顾己不顾人、顾面子不顾里子等等。这些东西一代代传下去，就可以积淀为文化，而文化一旦形成，一是获得了不可思议的稳定性，像人的性格一样，很难摆脱，所谓"江山易改，本性难移"。二是具有传染性。比如诚信的缺失，它不分男女贫富，并不因为谁一夜之间暴富就会自动获得诚信的品格，有的富人为富不仁，更无诚信。三是能形成气场，由此改变人的价值观。在缺乏诚信的环境中，不诚信不再是一件丢脸的事情，有时候还被认为是头脑灵活、有能耐。我们现在把讲诚信当作社会主义核心价值观来宣扬，这无疑是非常正确的。

人无千日好,
花无百日红。

【注释】：喻指好景不长或人与人友情难以持久。

【点评】：万事万物都不是一成不变的。人情与花开都离不开环境和条件，环境和条件变了，人和花也会变化，变是绝对的，不变是相对的，这就是事物的辩证法。

杀人可恶,情理难容。

【注释】:杀人是可恶的,即便情有可原,但法不容情。

【点评】:杀人偿命,法理所在。不论何种情由,都不可动杀人之念,剥夺他人生命之权在于法律,除法理认定的正当自卫外,任何个人都没有这个权利。

乍富不知新受用，
乍贫难改旧家风。

【注释】：刚刚富起来的人不知如何享用；突然贫困下去人很难改变原来奢华的习惯。

【点评】：简言之，由俭入奢易，由奢入俭难。所谓"土豪"就是乍富不知如何享用的现象。

崇尚节俭、力戒奢侈，是中国古代政治文化的重要价值取向。古人强调：事业要勤劳，生活需节俭。《左传》甚至说"俭，德之共也，侈，恶之大也"。"历览前贤国与家，成由勤俭败由奢"，"忧劳可以兴国，逸豫可以亡身"，这些深刻的历史教训，应当警钟长鸣。

屋漏又遭连夜雨，
行船偏遇打头风。

【注释】：意指本来情况就不好，结果祸不单行，各种困难又接踵而至。

【点评】："叹人生，不如意事，十常八九"，我们都应以豁达、从容的心态面对人生，因为人生道路总会有崎岖不平，不可能永远一帆风顺，在厄运面前，应有充分的思想准备，做最坏的打算，向最好的方向努力，才能不被厄运击倒。

笋因落箨方成竹，
鱼为奔波始化龙。

【注释】：箨（tuò）竹笋因为脱落一层层外壳才成为竹子，鱼正由于奔波的经历才有了成龙的机会。

【点评】：落箨之笋最终能高耸入云，长成参天之竹，大自然用鲜活的生命告诉我们，痛苦成就高大，失败历练成功。鱼只有经历大风大浪，才能在惊涛骇浪中自由畅游。人只有经历风雨和痛苦磨难，才能到达理想的彼岸。当然并非所有的落箨之笋都会长成参天之竹，有的会悄悄萎缩。但要想成为参天之竹，必然要经历痛苦的磨砺。

记得少年骑竹马,转眼就是白头翁。

【注释】：至今常记起少年以竹竿当马骑的情景，但转眼头发已经白了。意指时间过得非常快。

【点评】：黑发不知勤学好，转头已成白头翁，有钱难买年少时。世界上最公平的是时间，它给有志者留下成就和声誉，给混世者洒下满脸皱纹和叹息；给懒汉以苦痛和懊悔，给创造者以幸福和自豪。

青春的可贵在于学习，青春的活力在于奋发，青春的灿烂在于才华。最大的浪费是虚度年华，因为珍宝失去还可复得，时间一去不会复返。时间是构成生命的材料，珍惜时间就等于延长生命。

礼仪生于富足,
盗贼出于贫穷。

【注释】：懂礼仪的人多出自富裕之家，盗贼多是由于贫困而产生。

【点评】："礼义生于富足，盗贼出于贫穷"与《管子·牧民》中"仓廪实而知礼节，衣食足而知荣辱"的意思相近。"仓廪实、衣食足"是"知礼节、知荣辱"的必要条件，在人们缺乏生存的基本保障时，人首要的是填饱肚子以求生存，为了填饱肚子就可能不顾荣辱去讨饭、甚至去偷盗。但是"仓廪实、衣食足"并不是唯一条件，也只是"知礼节、知荣辱"的一个前提。家财万贯却为富不仁的大有人在，并非只要"仓廪实、衣食足"就能知礼节、知荣辱。中华民族更尊崇"人穷志不穷"、"宁可站着死，绝不跪着生"的气节，穷也有穷的尊严。

一三〇

天上众星皆拱北,
世间无水不朝东。

【注释】:"天不言而四时兴,地不语而百物生",天上众星都围着北斗而转,世上有水皆流向东方归入大海。

【点评】:星星朝着北斗星,河流向东归大海,均乃自然界规律所在。

一三二

君子安平,
达人知命。

【注释】:君子安于本分,达人知晓天命。(达人指通情达理之人。)

【点评】:君子之所以安贫是因为君子正直、达观、明事理、辨是非,对于任何事情都有自己的主观见解,从不同流合污。君子达人虽有弃旧图新、改良社会的愿望与志向,但总是能够从自己的实际出发,衡量自己是不是有这个能力,如果有,他们会通过各种渠道参与到社会中去施展自己的能力,如果没有就安于自己的本分。古往今来千千万万的人安于份、守于贫、达人知命、日出而作、日没而息,正是这些君子达人,才推动了人类社会的漫漫进程。

良药苦口利于病，
忠言逆耳利于行。

【注释】：好药虽苦却能治病，忠言难听但对人的行为有帮助。

【点评】：正确的批评、建议、意见对个人的品德修养、事业发展进步具有积极意义。有些意见虽然说得刺耳，有些批评可能带有火药味，但只要是忠恳有益的，就不应该挑剔批评者的语言方式，而应乐于接受，勇于改之。

一二三

顺天者昌，逆天者亡。

【注释】：一切顺从天命才能生存昌盛，逆天而行就会灭亡。古人所说的"天"即"天道"，用现在的话就是客观规律。

【点评】：俗话说"人可欺，天不可欺；人善人欺天不欺，人恶人怕天不怕。人心恶，天不错"。《益智书》云："恶错若满，天必戮之。"庄子曰："若人作不善得显名者，人不害，天必诛之。"种瓜得瓜，种豆得豆。天网恢恢，疏而不漏。深耕浅种，尚有天灾；利己损人，岂无果报？

人为财死,
鸟为食亡。

【注释】：人为了钱财丢掉性命，鸟为了觅食导致死亡。

【点评】："鱼吞饵、娥扑火，得而丧其身"。一些贪官为了追求金钱和物质享受不惜以身试法，最后断送了自己美好前程，一些犯罪分子为了钱财无视法律而去盗抢甚至杀人掠货，最终把自己送上不归路。这正是应了"人为财死、鸟为食亡"这句话。

善必寿老,
恶必早亡。

【注释】：常怀善念做好事必然长寿，作恶的人必定早死。干尽坏事的人多行不义必自毙，注定命短早亡。

【点评】：一片忠诚是长寿之本，满怀善良乃快乐之源，"福兮可以善取，祸兮可以恶招"。善有善报，恶有恶报，不是不报，时候未到。

爽口食多偏作药，
快心事过恐遭殃。

【注释】：爽口的食物吃得多容易生病，高兴过头了容易遭殃，指做事需适度。

【点评】：俗话说"美味不可多贪"，做事要把握"火候"。水满则溢、日满则亏；忧喜更相接，乐极还自悲。唯物辩证法告诉我们，凡事皆有度，超过应有的度就会发生质变。

一三七

富贵定言要依分,
贫穷不必枉思量。

【注释】：富贵了也要安于本分，贫困也不必枉费心机。

【点评】："福不可邀，养喜神以为招福之本；祸不可避，去杀机以为远祸之方"。富贵应做善事，不能为富不仁；贫穷要靠智慧和勤劳才能改变命运，不可为了财富铤而走险。

画水无风空作浪，
绣花虽好不生香。

【注释】：画的水浪再高也是假的，绣的花再鲜艳也不生香气。

【点评】："画水无风空作浪，绣花虽好不生香"，一是说明某些事物说得再好，不如亲自去实践体验。二是说明假的就是假的，永远真不了。寓意做人做事务求实在，不可华而不实。

一三九

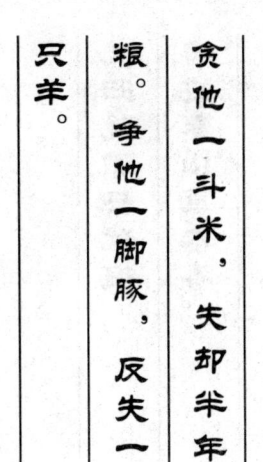

贪他一斗米,失却半年粮。争他一脚豚,反失一只羊。

【注释】:贪图别人一斗米,却损失了自己半年的粮食;争别人一只猪蹄,却舍去了自己一只羊。

【点评】:见利忘义往往因小失大。世上有多少人,为了眼前利益,甚至是蝇头小利,做出了丢掉做人名声、丢掉更大利益的蠢事。如一些明星本来形象好、名声佳、社会知名度也高,甚至有成千上万的粉丝崇拜,但是有的为了获得广告收益,把自己并不了解的产品推向观众,利用明星的影响力误导观众、误导市场,这种见利忘义的行为,虽然获得了一时不菲的收入,却损害了消费者利益,损害了自己用多少金钱也难以换回的社会影响,实在得不偿失。

龙归晚洞云犹湿,
麝过春山草木香。

【注释】：晚间龙归洞穴后云还湿着，鹿经过山上草木仍然留有麝香。

【点评】："蛟龙生焉,风雨兴焉"，龙能兴风唤雨；雄麝鹿性成熟后能分泌麝香。麝香具有香气，外用能镇痛、消肿，十分珍贵。"龙归晚洞云犹湿，麝过春山草木香"喻指重要的人或事具有极大的影响力。

一四一

人生只会量人短,
何不回头把自量。

【注释】:有的人平时只会揭别人的短处,为什么不回过头来看看自己有什么缺点呢?

【点评】:许多人常常以己之长比人之短,这是不客观、不成熟的表现。看待他人应客观、公正,不要只看别人的短处,忽视人家的长处,同样也不要只看到自身的优点,也应反省自己的不足。

一四

见善如不及，见恶如探汤。

【注释】：看见善，立刻学习都来不及。看见恶，就好像把手插到滚水里，应该马上停止。

【点评】：汉代韩婴在《韩诗外传》中写道："高比所以广德也，下比所以侠行也。"跟道德高尚的人比，就有高尚的追求；跟落后的人比，对自己的要求就会降低。"见善如不及，见恶如探汤"，就要"吾日三省吾身"，时时拂拭心灵的杂草，日日修炼高尚的情操。要"省"在高处，学典明理，坚定信仰，守住良心，不为蝇头小利而鼠目寸光，不为荣耀光环而急功近利。

人穷志短，
马瘦毛长。

【注释】：人穷了容易没有志气，马瘦了就显得毛长。

【点评】："马瘦毛长"是一种自然现象，而人有思想、有意志，并非一定"人穷志短"。事物在一定条件下是互相转化的，可以"穷则思变"。中国长期从积贫积弱到走向富裕富强，正是由于共产党从无到有、从小到大，"人穷志不短"，一直以振兴中华为志向，领导人民进行武装斗争建立了新中国，推进改革开放，改变了国家贫穷落后的面貌。中国已成为当今世界第二大经济体，并且正向着"两个一百年"目标迈进，即2021年建党100年时全面建成小康社会；2049年建国100年时建成富强、民主、文明的社会主义现代化国家，赶上和超过中等以上发达国家的水平。

一四四

自家心里急，他人未知忙。

【注释】：自己的事自己着急，别人未必知道你忙。

【点评】：自己的事情只有自己的事情只有自己知道有多么着急，别人由于不知内情，很难设身处地为你着想。所以，当你急得要命、忙得"火上房"一样不可开交的时候，旁观者可能一副悠然自得的样子，也实属正常，不足为怪。

贫无达士将金赠,
病有高人说药方。

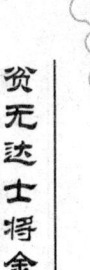

【注释】：人贫穷不会有人送钱给你，如果病了可能有人会告诉你治病的方法。

【点评】：你的贫穷只能靠自己来改变，没人会随便给你金钱；如果你有病了，倒是无论你贫贱、富贵，给你治病、说药方的人还是有的。这句贤文告诉人们：勤奋才能创造财富，才能获得经济上的自由。对于懒惰的贫困者，人们一般情况下不愿意慷慨相助，担心会助长其更加懒惰、恶习不改。而对于患病中的人，多数人还是怀有同情心和恻隐之心的。

触来莫与说,事过心清凉。

【注释】：当别人触犯你的时候，勿与人家争论，事情过后心情自然会平静下来。

【点评】：俗话说：冲动是魔鬼，人在个人尊严或利益受到触犯的时候如果不冷静，就容易激化矛盾，反而不利于自身，只有冷静下来以后，才会正确地思考和处理问题。

秋至满山多秀色，
春来无处不花香。

【注释】：秋天到了，漫山遍野都是秀丽的景色；春天来临，到处都散发着花香。

【点评】：秋至和春来是秀色与花香的时间条件，青年人只要有志向、肯奋斗就不愁秀色的未来和花香的前景。

凡人不可貌相,海水不可斗量。

【注释】：看人不能只看相貌，海水无法用斗衡量。

【点评】：以貌取人靠不住。不能看人其貌不扬，就觉得没什么了不起。俗语有话云："狗眼看人低"，人的才干，人的能力，人的品质很难从外表上看出来。三国时的张松，生得五短身材，丑陋无比，但才华横溢。他不满川中张鲁政权，于是暗中绘了蜀中地图，原来准备献给曹操，但是曹操因他生得丑陋不敬重他。他就转而投奔刘备。刘备开始也不很看得起他的相貌，但是没有表现出来，经过与张松交谈后，发现张松竟是一位了不起的天才。立刻改变了观点，敬他为上宾，终于获得了在日后进攻西蜀中发挥了重要作用的川中地图。

一四九

清清之水，为土所防。

济济之士，为酒所伤。

【注释】：清清的水能够防水，堂堂的好汉却被酒伤害。

【点评】：土能防水，酒会伤人。很多好汉，倒于酒色之下，这是我们要借鉴的。

一五〇

蒿草之下，或有兰香；
茅茨之屋，或有候王。

【注释】：蒿草下边可能长着芬芳的兰草，茅屋贫舍不能断言没有未来的将才。

【点评】：兰香生于蒿草之下，将帅长于茅茨之屋，都是正常的，正如一些领袖和杰出人才来自于民间一样。刘邦、朱元璋原本平民出身，孙中山、毛泽东就生在乡村。

一五一

无阻朱门生饿殍,
几多白屋出公卿。

【注释】：许多豪门贵族出现饥寒交迫的下人，而有的贫寒家庭却出了显贵的大人物。

【点评】：逆境之下出英雄、经历贫穷是财富。事物是不断发展变化的，个人命运和家庭门第也会发生改变。人们常说："富不过三代"一般规律来说，第一代创业者都能善抓机遇、勤奋努力，兢兢业业，而当他们创下基业，家庭富裕之后，后代就容易养尊处优，甚至财大气粗，甚至惹事闯祸。而穷苦人家出生的孩子为了生存和发展，不乏刻苦学习、发奋努力之人，他们在贫穷环境下练就了极强的生存能力、适应能力、抗挫能力，有可能面对逆境改变命运，虽不是富贵人家的后代，却成为富贵人家的先祖。

一五二

酒里乾坤大，
壶中日月长。

【注释】：喝醉酒以后自有一番天地。乾坤为天地，日月也代表天地；大和长是说酒中的世界很大。

【点评】："古来圣贤皆寂寞，惟有饮者留其名"。名人有酒相伴，骨子里就少了几分落寞，多了几许潇洒；酒得了名人的垂青，滋味里就减了几分淡薄，添了几许贵气。古代文人爱喝酒，意图不外乎是规避尘世烦扰，求得心灵平静。文人自身的文化修养注定他们对世事的洞察要比凡夫俗子更为深刻，这就经常让他们因为目睹了太多的社会阴暗面而痛苦。可大多数文人都无权无势，他们沉浸在这种痛苦中，靠自身的能力又无法排解，不免要借酒浇愁，寻求精神上的桃花源了。比如西晋有名的"竹林七贤"中的阮籍、嵇康、刘伶等人，他们都很愤世嫉俗，看不惯当时朝野的混乱，但他们又无力改变现状，于是只好凑到一处，终日饮酒作乐，以此来表达他们对现实的反抗。还有一些文人喝酒，起初可能也是为了避世忘忧，但酒精刺激了他们大脑里的创作细胞，客观上使他们因醉酒而摆脱了束缚，进入了艺术创作的自由王国，使创造力得到释放。杰出代表当数"诗仙"李白。李白终生嗜酒，醉态之下藏的是不愿"摧眉折腰事权贵"与"天生我材'不得'用"的尴尬。但酒也成就了李白，据说李白饮酒后，才思特别敏捷，"诗圣"杜甫曾作诗一首盛赞李白酒后的旷达与潇洒："李白斗酒诗百篇，长安市上酒家眠。天子呼来不上船，自称臣是酒中仙。"

万事前身定,
浮生空白忙。

【注释】：什么事上天都已经定好了的，不用自己空忙、瞎忙。

【点评】："万事前身定，浮生空白忙"，一方面体现了唯心主义处世观，据此认为命已注定而无所作为肯定是消极意识；另一方面，本着"是你的自然就是你的，不是你的不论怎样争夺最后终究不会是你的"这样一种平和心态处人处事，也具有正面的积极意义。

一五四

千里送毫毛,
礼轻仁义重。

【注释】：千里送毛礼虽轻，万水千山情意重。

【点评】：礼物虽轻，却代表对人的一份敬重，感情不能以礼物轻重而论，应以礼让尊重为先。

一五五

一人传虚，百人传实。

【注释】：一个人说假话可能认为是虚的，传的人多了就会信以为真。

【点评】：真的假不了，假的真不了，因为真的是客观存在，假的是主观编造，缺乏事实根据。但是以讹传讹，难免让不明真相的人信以为真，这种以讹传讹的现象对人、对社会的危害不可低估。

一五六

世事明如镜，
前程暗似漆。

【注释】：指眼前的事一切都十分清楚，但未来的前程却一片黑暗。

【点评】：这是一种怀才不遇的消极意识，认为红尘已经看破，个人前程黯淡无望。其实怀才不遇的人大可不必怨天尤人，有时换个角度思考，正是"祸兮福所倚，福兮祸所伏"，"有得必有失，有失必有得"，我们身边就不乏这样的例证。有的在官场没有竞争上位，却发展成为商界或企业界大腕精英，有的投机钻营捞到了高官之位，却因贪婪而锒铛入狱。

人生只有一次，要想得开、放得下、拿得起，不被物欲所累、不被权欲所缠、不被色欲所诱，应知道除了自己的生命，其他一切都是身外之物，因此，只要活着就是幸运。尤其我们新中国成立后出生的人，生在太平盛世，又逢改革大潮、开放良机，不愁没有施展才干的机遇。而那些新中国成立前出生的前辈，经历了战火纷飞的年代，有多少二十几岁、三十几岁就在战场上丢掉了生命（不论他们当时是"共"军还是国军都是无辜的孩子），想到这些，还有什么比生命更重要的，还有什么不能放下呢？

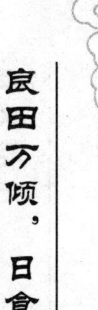

良田万顷，日食一升；
大厦千间，夜眠八尺。

【注释】：家有良田万亩，每天也不过吃一升；即使有大厦千间，而睡觉也就用八尺那么大的地方。

【点评】：人生大都不满百岁，一生所需物质区区可数。生命之舟实在难以承载太多的功名利禄，所有的权利地位、物质金钱、繁华荣耀生带不来、死带不去，到头来全都是过眼烟云。当然，通过自身正常努力奋斗，发挥聪明才智，付出辛勤劳动，创造更多的物质财富造福于社会是人生价值的体现，但靠不正当手段巧取豪夺，拥有的财富越多可能罪过越大，又何苦呢……

一五八

千经万典,孝义为先。

【注释】:不管有多少经典要义,孝和义是首要的。

【点评】:做官忠于朝廷、治家孝敬父母,做人讲究仁义这是古代儒家思想一直强调的核心准则,用现代观念衡量,除了忠于朝廷有愚忠的思想外,孝敬父母,讲究仁义仍然不为过时。

一字入公门，
九牛拔不出。

【注释】：人一旦因官司进了官署，九头牛也拉不回来了。

【点评】：古代衙门黑暗，老百姓打不起官司，一旦官司缠身，就陷入其中，万劫不复。

富从升合起，
贫因不算来。

【注释】：要想富必须勤于积累，贫穷都是因为没有计划。（升、合为古代粮食的计量单位，10合为1升，10升为1斗，1斗相当于现在22.5公斤）。

【点评】：古人比较注重节俭，靠省吃俭用积累财富。从现代观念看，财富的获取绝不仅仅在于节俭和积累，个人层面更重要的在于靠信息、靠技能、靠智慧和投资理财；从国家和社会层面在于经济发展，经济发展靠投资、消费和出口"三驾马车"拉动。仅从消费观念分析，如果大家都遵循过去"新三年、旧三年、缝缝补补又三年"，那纺织业、服装业还怎么发展。

万事不由人计较,
一生都是命安排。

【注释】：很多事都不由得人过多算计，因为一辈子都由命运安排好了。

【点评】：典型的唯心主义观点，忽略了人后天的主观能动性。

人间私语，天闻若雷。
暗室亏心，神目如电。

【注释】：背后私论是非长短，人不知、天却知，如雷贯耳；暗地里做亏心事，神灵眼睛如闪电看得明明白白。

【点评】："要想人不知，除非己莫为"。处事要光明正大，坦坦荡荡，要对自己的言行负责，光明正大才能面对自己而内心不虚，面对他人而腰杆挺直。

一毫之恶，劝人莫作。
一毫之善，与人方便。

【注释】：一丝毫的坏事也不要作；一丝毫的好事能给人带来方便，应努力为之。

【点评】：诸恶莫作，众善奉行。"勿以权势而辱善良，勿以富豪而欺贫困"，做事需循天理，出言要顺人心。"勿以恶小而为之，勿以善小而不为"。

欺人是祸,
饶人是福。

【注释】：欺负人带来灾祸，宽恕人却能给人带来福分。

【点评】：欺人遭报应，早晚是祸；饶人是美德，被宽恕之人会感激不尽。古人认为"冤冤相报何时了,得饶人处且饶人"。饶人是一种宽容、一种胸怀、一种潇洒、一种仁慈。自古至今，宽容被圣贤乃至平民百姓尊奉为做人的信条,成为中华民族的传统美德。

一六五

天眼恢恢,
报应甚速。

【注释】：上天的眼睛无处不在，对恶人的报应非常之快。

【点评】：作恶，首先作恶者自己良心受谴责，良心受谴责就等于遭到折磨和惩罚，何况"恶人自有恶人报"，"不是不报，时候未到"。

一六六

圣贤言语,神钦鬼伏。

【注释】：圣人的言论，神钦佩、鬼敬服，我们更应信服。

【点评】：历史传承下来的圣人言论肯定是经典，应很好地学习借鉴。但随着历史发展，客观环境和条件在不断变化，对于圣人的言论也应历史地、辩证地理解和应用，不能作为一成不变的教条。

一六七

人各有心，
心各有见。

【注释】：各人都有个人的想法，对事物的见解也都各有不同。

【点评】：每个人的出生、阅历、家庭背景、所处环境、文化素质各有不同，因此对待同一件事情也会"仁者见仁智者见智"，强求所谓统一思想是不客观的，只能"求大同存小异"。

养军千日,用在一时。

【注释】:长期供养训练军队,为的就是一旦用兵打仗能派上用场。

【点评】:"兵可千日而不用,不可一日而不备。"平日供养、训练军队,以便到关键时刻用兵打仗。指平时积蓄力量,在必要才能派上用场。

一六九

国清才子贵,
家富小儿骄。

【注释】：国家政治清明，有才能的人才受到重视；富裕人家的孩子才显得娇气。

【点评】：国家和社会的发展进步，离不开人才的支撑，但如果政治不够清明，买官卖官盛行，人才就会遭到践踏，庸才、歪才通过买官就会不作为、乱作为，人才由于得不到重用，国家和社会就缺乏生机和活力。如若政治清明，地尽其利，人尽其才，货通其流，就不愁实现富强、民主、文明、和谐的中国梦。

利刀割肉伤可愈，恶语伤人恨不消。

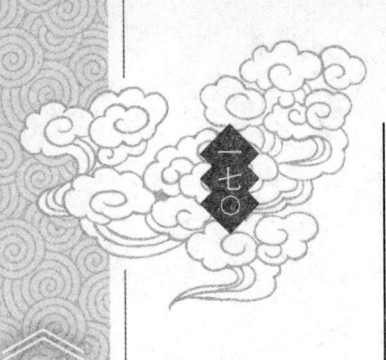

【注释】：刀子割伤人体，伤口容易愈合，但恶语伤害了人却让人难以消恨。

【点评】："良言一句三冬暖，恶语伤人六月寒"。言语对于人的伤害胜过利刃割肉，因此应常思"己所不欲，勿施于人"的古训，注意"口德"，注意与人交往中言语的角度与分寸。虽说"良药苦口利于病，忠言逆耳利于行"，但良药也可外包糖衣，忠言也非一定逆耳。

（七一）

公道世间唯白发，
贵人头上不曾饶。

【注释】：世间唯一公道的是人都会衰老生出白发，即使再高贵的人也改变不了这个规律。

【点评】：词句出自晚唐诗人杜牧的《送隐者一绝》："无媒径路草萧萧，自古云林远市朝。公道世间唯白发，贵人头上不曾饶。"时间最公道之物——不受财富摆布，不向权贵拜倒，不阿谀，不徇私，不管官居何位，功高何许，财富多寡——人人都逃不了时间留下的满头白发，这就是人间的公道。诗中用一"唯"字，言外之意是除了白发，人世间再没有公道可言。这是作者对当时所处封建社会深刻的揭露和无情的针砭。现在我国已经进入依法治国的新时代，但实现社会公平、公道依然任重道远。

一七二

有才堪出众,
无衣懒出门。

【注释】：有才（也通"财"）的人愿意在人前显示，而没有好衣服穿的人连门都不愿出门。

【点评】：此文意在告诫我们要增长才华。人有才华，才能从千千万万的平民里面走出来。反过来说，你要是没有本领，就缺少自信，那么哪怕是你的衣服有多么华丽，你也肯定不愿轻易出门见人。

为官须作相,
及第必争先。

【注释】：当官应以丞相为目标,科举必须争取排名靠前。

【点评】：世上"行行出状元",马云的价值绝不比某些高官低,"为官须作相,及第必争先"具有明显的"官本位"意识,但从做事就要做最好来理解也是可以的。

苗从地发,
树向枝分。

【注释】：禾苗是种子发芽从地里长出来的，树枝是从树干上分出来的，指任何结果都是有原因的。

【点评】：人在出生之初都是一样天真无邪的，后来随着生活环境、所受教育和思想观念的变化，人与人之间就会发生很大差异，就像树枝长到后来会向不同的方向生长一样。

父子和而家不退,
兄弟和而家不分。

【注释】：父亲和儿子团结一致，家不会衰败；兄弟之间和睦相处就不会分家。

【点评】：家和万事兴。但兄弟虽和如果不分家，也不一定是科学的生活方式，现代家庭讲究的是自由、随便，小家庭更为适宜。古代的大家庭属于封建家长式统治，表面看大家大业、其乐融融，内中婆媳之间、兄弟之间，妯娌之间矛盾百出，是以家庭中弱势成员委曲求全为代价的产物。

官有正条，民有和约。

【注释】：国家有法律，民间有约定。（正条：清代法律名称。）

【点评】：法律是衡量一个国家文明程度的重要标志，法治是迄今为止人类社会找到的治国理政的最佳方式。法律的生命力在于实施，法律的权威也在于实施。既要有法可依，又要有法必依，违法必究，以法治维护社会的公平正义，严格执法是关键所在。

闲时不烧香,
急时抱佛脚。

【注释】：平时不准备，事到临时才仓促应付。

【点评】："凡事预则立，不预则废"。 闲时不烧香，急时抱佛脚，本意是平时不认真准备，未雨绸缪，事到临头才慌忙应付或者补救。

幸生太平无事日，
恐逢年老不多时。

【注释】：有幸生在太平盛世，不知道到老了还是不是这么好。

【点评】：告诫我们年轻的时候一定要把握好时间、把握好机会，不要等到老了才醒悟，只怕为时已晚。

国乱思良将，
家贫思贤妻。

【注释】：国家动乱时，盼望贤才良将；家庭贫困时，思念有贤惠善良的妻子。

【点评】：良将忧国忧民，为国家的前途考虑，能为国家担当重任；贤妻孝老养幼，能与丈夫同甘共苦，为家庭分忧。

池塘积水须防旱，
田地勤耕足养家。

【注释】：在池塘里积水是为了防旱，在田地勤耕足以养家过日子。

【点评】：青少年时代，父亲经常对儿女们说："要想日子过得好，就得起三百六十五个早"，起早的目的就是勤耕。春播种、夏锄草、秋收割、冬备耕，目的是多打粮食。父辈及其祖辈们年复一年、日复一日，日出而作，日落而归，仍难逃吃不饱、穿不暖的煎熬，我辈幸逢改革开放，经济飞速发展，人民生活水平显著提高，当以饮水思源不忘勤劳为本。

一八一

根深不怕风摇动，
树正无愁月影斜。

【注释】：树根长得深就不怕风的摇动，更不怕影子斜。意指自己正确，就不怕别人议论指责。

【点评】："平时不做亏心事，不怕夜半鬼叫门"，因此"做个好人，心安身正魂梦稳，行些善事，天知地鉴鬼神钦"。

奉劝君子,各宜守己。
只此呈示,万无一失。

【注释】：奉劝人们都应当安分守己，只要按照上面说的去做，就能保你人生万无一失，一帆风顺。

【点评】：《增广贤文》通俗易懂，虽没深奥道理，也是人类文明智慧的结晶，足以启迪心灵，益心增智，借鉴行事，必受其益。

附：《增广贤文》原文

　　昔时贤文，诲汝谆谆。集韵增广，多见多闻。观今宜鉴古，无古不成今。

　　知己知彼，将心比心。

　　酒逢知己饮，诗向会人吟。相识满天下，知心能几人。

　　相逢好似初相识，到老终无怨恨心。

　　近水知鱼性，近山识鸟音。

　　易涨易退山溪水，易反易复小人心。

　　运去金成铁，时来铁似金。

　　读书须用意，一字值千金。

　　逢人且说三分话，未可全抛一片心。

　　有意栽花花不发，无心插柳柳成荫。

　　画虎画皮难画骨，知人知面不知心。

　　钱财如粪土，仁义值千金。

　　流水下滩非有意，白云出岫本无心。

当时若不登高望，谁信东流海洋深。

路遥知马力，事久知人心。

两人一般心，有钱堪买金。一人一般心，无钱堪买针。

相见易得好，久住难为人。

马行无力皆因瘦，人不风流只为贫。

饶人不是痴汉，痴汉不会饶人。

是亲不是亲，非亲却似亲。

美不美，故乡水；亲不亲，故乡人。

莺花犹怕春光老，岂可教人枉度春。

相逢不饮空归去，洞口桃花也笑人。

红粉佳人休便老，风流浪子莫教贫。

在家不会迎宾客，出路方知少主人。

黄金无假，阿魏无真。

客来主不顾，自是无良宾。良宾方不顾，应恐是痴人。

贫居闹市无人问，富在深山有远亲。

谁人背后无人说，那个人前不说人。

有钱道真语，无钱语不真；不信但看筵中酒，杯杯先劝有钱人。

闹市挣钱，静处安身。

来如风雨，去似微尘。

长江后浪推前浪,世上新人换旧人。
近水楼台先得月,向阳花木早逢春。
古人不见今时月,今月曾经照古人。
先到为君,后到为臣。
莫道君行早,更有早行人。
莫信直中直,须防仁不仁。
山中有直树,世上无直人。
自恨枝无叶,莫怨太阳偏。
大家都是命,半点不由人。
一年之计在于春,一日之计在于晨,
一家之计在于和,一身之计在于勤。
责人之心责己,恕己之心恕人。
守口如瓶,防意如城。
宁可负我,切莫负人。
再三须重事,第一莫欺心。
虎生犹可近,人熟不堪亲。
来说是非者,便是是非人。
远水难救近火,远亲不如近邻。
有酒有肉多兄弟,急难何曾见一人?
人情似纸张张薄,世事如棋局局新。
山中自有千年树,世上难逢百岁人。
力微休重负,言轻莫劝人。

无钱休入众，遭难莫寻亲。
平生莫作皱眉事，世上应无切齿人。
士者国之宝，儒为席上珍。
若要断酒法，醒眼看醉人。
求人须求英雄汉，济人须济急时无。
渴时一滴如甘露，醉后添杯不如无。
久住令人贱，贫来亲也疏。
酒中不语真君子，财上分明大丈夫。
出家如初，成佛有余。
积金千两，不如明解经书。
养子不教如养驴，养女不教如养猪。
有田不耕仓廪虚，有书不读子孙愚，
仓廪虚兮岁月乏，子孙愚兮礼义疏。
同君一席话，胜读十年书。
人不通今古，马牛如襟裾。
茫茫四海人无数，哪个男儿是丈夫？
白酒酿成迎宾客，黄金散尽为收书。
救人一命，胜造七级浮屠。
城门失火，殃及池鱼。
庭前生瑞草，好事不如无。
欲求生富贵，须下死工夫。
百年成之不足，一旦坏之有余。

人心似铁，官法如炉。

善化不足，恶化有余。

水至清则无鱼，人至察则无徒。

智者减半，愚者全无。

在家由父，出嫁从夫。

痴人畏妇，贤女敬夫。

是非终日有，不听自然无。

竹篱茅舍风光好，道院僧房终不如。

宁可正而不足，不可邪而有余。

宁可信其有，不可信其无。

命里有时终须有，命里无时莫强求。

道院迎仙客，书堂隐相儒。

庭栽栖凤竹，池养化龙鱼。

结交须胜己，似我不如无。

但看三五日，相见不如无。

人情似水分高下，世事如云任卷舒。

会说说都是，不会说无理。

磨刀恨不利，刀利伤人指；

求财恨不多，财多害自己。

知足常足，终身不辱。

知止常止，终身不耻。

有福伤财，无福伤己。

差之毫厘，失之千里。
若登高必自卑，若涉远必自迩。
三思而行，再思可矣。
动口不如亲为，求人不如求己。
小时是兄弟，长大各乡里。
嫉财莫嫉食，怨生莫怨死。
人见白头嗔，我见白头喜。
多少少年郎，不到白头死。
墙有缝，壁有耳。好事不出门，坏事传千里。
贼是小人，智过君子。君子固穷，小人穷斯滥矣。
富贵多忧，贫穷自在。不以我为德，反以我为仇。
宁向直中取，不可曲中求。
人无远虑，必有近忧。
知我者谓我心忧，不知我者谓我何求？
晴天不肯去，直待雨淋头。
成事莫说，覆水难收。
是非只因多开口，烦恼皆因强出头。
忍得一时之气，免得百日之忧。
近来学得乌龟法，得缩头时且缩头。
惧法朝朝乐，欺公日日忧。

人生一世，草长一春。
黑发不知勤学早，转眼便是白头翁。
月到十五光明少，人到中年万事休。
儿孙自有儿孙福，莫为儿孙作马牛。
人生不满百，常怀千岁忧。
今朝有酒今朝醉，明日愁来明日忧。
路逢险处须回避，事到头来不自由。
人贫不语，水平不流。
一家养女百家求，一马不行百马忧。
有花方酌酒，无月不登楼。
三杯通大道，一醉解千愁。
深山毕竟藏老虎，大海终须纳细流。
惜花须检点，无月不梳头。
大抵选她肌骨好，不搽红粉也风流。
受恩深处宜先退，得意浓时便可休。
莫待是非来入耳，从前恩爱反为仇。
留得五湖明月在，不愁无处下金钩。
休别有鱼处，莫恋浅滩头。
去时终须去，再三留不住。
忍一句，息一怒，饶一着，退一步。
生不认魂，死不认尸。
父母恩深终有别，夫妻义重也分离。

人生似鸟同林宿，大难来时各自飞。
人善被人欺，马善被人骑。
人无横财不富，马无夜草不肥。
人恶人怕天不怕，人善人欺天不欺。
善恶到头终有报，只盼早到与来迟。
黄河尚有澄清日，岂能人无得运时。
得宠思辱，居安思危。
念念有如临敌日，心心常似过桥时。
英雄行险道，富贵似花枝。
年青莫道春光好，只怕秋来有冷时。
送君千里，终须一别。
但将冷眼观螃蟹，看它横行到几时！
见事莫说，问事不知；闲事莫管，无事早归。
假缎染就真红色，也被旁人说是非。
善事可做，恶事莫为。
许人一物，千金不移。
龙生龙子，虎生虎儿。
龙游浅水遭虾戏，虎落平原被犬欺。
一举首登龙虎榜，十年身到凤凰池。
十年窗下无人问，一举成名天下知。
酒债寻常行处有，人生七十古来稀。
养儿防老，积谷防饥。

鸡豚狗彘之畜，无失其时，数口之家，可以无饥矣。

常将有日思无日，莫把无时当有时。
时来风送滕王阁，运去雷轰荐福碑。
入门休问荣枯事，且看容颜便得知。
官清司吏瘦，神灵庙主肥。
息却雷霆之怒，罢却虎豹之威。
饶人算知本，输人算知机。
好言难得，恶语易施。
一言既出，驷马难追。
择其善者而从之，其不善者而改之。
少时不努力，老大徒伤悲。
人有善愿，天必佑之。
莫吃卯时酒，昏昏醉到酉。
莫骂酉时妻，一夜受孤凄。
种麻得麻，种豆得豆。
天眼恢恢，疏而不漏。
做官莫向前，作客莫在后。
宁添一斗，莫添一口。
螳螂捕蝉，岂知黄雀在后？
不求金玉重重贵，但愿儿孙个个贤。
一日夫妻，百世姻缘。

百世修来同船渡，千世修来共枕眠。
杀人一万，自损三千。
枯木逢春犹再发，人无两度再少年。
未晚先投宿，鸡鸣早看天。
将相场中堪走马，公侯肚内好撑船。
富人思来年，贫人想眼前。
世上若要人情好，赊去物品莫取钱。
生死有命，富贵在天。
击石原有火，不击乃无烟。
人学始知道，不学亦徒然。
莫笑他人老，终须还到老。
但能守本分，终身无烦恼。
善有善报，恶有恶报；不是不报，时候未到。
人而无信，不须礼之。一人道好，千人传之。
若要凡事好，须先问三老。
君子爱财，取之有道。
贞妇爱色，纳之以礼。
年年防饥，夜夜防盗。
学者是好，不学不好。
学者如禾如稻，不学如草如蒿。
遇饮酒时须饮酒，得高歌处且高歌。
因风吹火，用力不多。

不因渔父引，怎得见波涛。
无欲自然心似水，不饮任他酒价高。
知事少时烦恼少，识人多处是非多。
进山不怕虎伤人，只怕人情两面刀。
强中更有强中手，恶人须用恶人磨。
会使不在家豪富，风流不用衣着佳。
光阴似箭，日月如梭。
天时不如地利，地利不如人和。
黄金未为贵，安乐值钱多。
世上万般皆下品，思量惟有读书高。
世间好语书谈尽，天下名山僧占多。
为善最乐，作恶难逃。
好人相逢，恶人回避。
羊有跪乳之恩，鸦有反哺之情。
你急他未急，人闲心不闲。
隐恶扬善，执其两端。
妻贤夫祸少，子孝父心宽。
既坠釜甑，反顾无益；
已覆之水，收之实难。
人生知足时常足，人老偷闲且是闲。
处处绿杨堪系马，家家有路通长安。
见者易，学者难。

莫将容易得，便作等闲看。
用心计较般般错，退后思量事事宽。
道路各别，养家一般。
从俭入奢易，从奢入俭难。
知音说与知音听，不是知音莫与谈。
点石化为金，人心犹未足。
信了赌，卖了屋。
他人观花，不涉你目。
他人碌碌，不涉你足。
谁人不爱子孙贤，谁人不爱千钟粟。
莫把真心空计较，唯有大德享万年。
但行好事，莫问前程。
河狭水紧，人急智生。
明知山有虎，莫向虎山行。
路不行不到，事不为不成；
无钱方断酒，临老才读经。
点塔七层，不如暗处一灯。
万事劝人休瞒昧，举头三尺有神明。
但存方寸地，留与子孙耕。
灭却心头火，剔起佛前灯。
惺惺多不足，蒙蒙作公卿。众星朗朗，不如孤月独明。

兄弟相害，不如自生。
合理可作，小利不争。
牡丹花好空入目，枣花虽小结实多。
欺老莫欺小，欺人心不明。
随分耕锄收地利，他时饱暖谢苍天。
得忍且忍，得耐且耐；不忍不耐，小事成灾。
相论逞英雄，家计渐渐退。
贤妇令夫贵，恶妇令夫败。
一人有庆，兆民感赖。
人老心未老，人穷志莫穷。
人无千日好，花无百日红。
杀人可恶，情理难容。
乍富不知新受用，乍贫难改旧家风。
座上客常满，杯中酒不空。
屋漏又遭连夜雨，行船偏遇打头风。
笋因落箨方成竹，鱼为奔波始化龙。
记得少年骑竹马，看看又是白头翁。
礼义生于富足，盗贼出于贫穷。
天上众星皆拱北，世间无水不朝东。
君子安贫，达人知命。
良药苦口利于病，忠言逆耳利于行。
顺天者昌，逆天者亡。

人为财死，鸟为食亡。
夫妻相和好，琴瑟与笙簧。
有子之人贫不久，无儿无女富不长。
善必寿考，恶必早亡。
爽口食多偏作病，快心事过恐遭殃。
富贵定要依分，贫穷不必枉思量。
画水无风空作浪，绣花虽好不生香。
贪他一斗米，失却半年粮；
争他一脚豚，反失一只羊。
龙归晚洞云犹湿，麝过春山草木香。
人生只会量人短，何不回头把自量？
见善如不及，见恶如探汤。
人穷志短，马瘦毛长。
自家心里急，他人未知忙。
贫无达士将金赠，病有高人说药方。
触来莫与竞，事过心头凉。
秋至满山多秀色，春来无处不花香。
凡人不可貌相，海水不可斗量。
清清之水，为土所防。济济之士，为酒所伤。
蒿草之下，或有兰香；茅茨之屋，或有公王。
无限朱门生饿殍，几多白屋出公卿。
酒里乾坤大，壶中日月长。

万事前身定，浮生空自忙。
千里送毫毛，寄物不可失。
一人传虚，百人传实。
世事明如镜，前程暗似漆。
良田万顷，日食一升；大厦千间，夜眠八尺。
千经万典，孝义为先。
一字入公门，九牛拔不出。
衙门八字开，有理无钱莫进来。
富从升合起，贫因不算来。
家中无才子，官从何处来。
万事不由人计较，一生都是命安排。
慢行急行，逆取顺取。
人间私语，天闻若雷；暗室亏心，神目如电。
一毫之恶，劝人莫作；一毫之善，与人方便。
亏人是祸，饶人是福。乘除加减，报应甚速。
圣贤言语，神钦鬼伏。人各有心，心各有见。
口说不如身逢，耳闻不如目见。
养军千日，用在一时。
国清才子贵，家富小儿骄。
利刀割肉伤可愈，恶语伤人恨不消。
公道世间唯白发，贵人头上不曾饶。
有才堪出众，无衣懒出门。

为官须作相,及第必争先。

茵从地发,树向枝分。

父子合而家不退,兄弟合而家不分。

官有正条,民有私约。

闲时不烧香,急时抱佛脚。

幸生太平无事日,恐逢年老不多时。

国乱思良将,家贫思贤妻。

池塘积水须防旱,田地深耕足养家。

根深不怕风摇动,树正不愁月影斜。

奉劝君子,各宜守己,只此呈示,万无一失。

后 记

《增广贤文》，又名《昔时贤文》、《古今贤文》，是一本民间谚语集，为中国古代儿童启蒙书目。其内容广泛，通俗简明，富有哲理，耐人寻味，给人以启迪，而且句式押韵对仗，读来朗朗上口，听了顺耳易记，所以在民间流传极广，影响很大，几百年来经久不衰，家喻户晓，是一部修身处世、待人接物、应事治家的格言集锦。

作者编著此书，对原文略做取舍、整理并予以注释，重在结合现实有选择性地进行点评，目的是继承古人优秀文化成果，为今人所用。有关点评内容，力求与时俱进，融合现代社会新意；注重以理论事，体现辩证思维；语言简明扼要，切中原文要义。愿对读者从政、经商、处世、为人、交友和修身养性有所裨益。

黑龙江人民出版社的编辑同志，对全文进行了认真细致地编审和修订，在此表示衷心地感谢！

受学识所限，点评难免存在浅陋或不当之处，敬请读者指正。

任秀峰
二〇一五年五月